Helmut Hark
Träume als Ratgeber

W

Helmut Hark

Träume als Ratgeber

Deutungshilfen für die Praxis

Walter-Verlag Olten und Freiburg im Breisgau

2. Auflage 1983

Gesamtherstellung in den grafischen Betrieben
des Walter-Verlags
Printed in Switzerland

ISBN 3-530-32401-9

Inhalt

Vorwort 7

Träume selber verstehen 10

Träume als Information 10
Der Ratgeber in uns 11
Was ist ein Traum? 15
Traumstruktur und Traumsymbole 19
Der Dialog mit Träumen 29

Sechzehn Fragen zur Deutung von Träumen 31

Traum und Leben 33
Umgang mit Träumen 37
Traum und Orientierungsfunktion 43
Traum und Selbstverwirklichung 50
Beispiel: Hannas persönliche Traumdeutung 60

Beratungsarbeit mit Träumen 77

Träume werden ausgespart 77
Träume und Übertragung 80
Beziehung und Imagination 86
Fallbeispiele mit Träumen 88
Sexualität und Individuation 96

Träume in der Paarberatung 105

Animus und Anima in den Träumen 105
Ehekrise als Chance – Beitrag von Renate Besthorn 109
Neue Beziehungen durch Träume 124

Träume in der Familientherapie –
Beitrag von Ricarda Müssig 137

Träume und Familie 139
Rainers Traum von Pelzmänteln 142
Martinas Höhlentraum 147

Träume in der pastoralpsychologischen Beratung 152

Traumerfahrung und Konfliktlösungen 153
Der Traum als Zwiegespräch 155
Die Symbolfunktion der Psyche 157
Die Ganzheitserfahrung in den Träumen 160

Der methodische Umgang mit Träumen 163

Einbringen von Träumen 163
Einfühlen in Träume 166
Einordnen der Träume 169
Einsicht durch Träume 171

Traum und Tod 175

Unterwegs zu den «Blauen Bergen» 175
Träume vor dem Tod 180

Literaturverzeichnis 195

«Ein König ist der Mensch,
wenn er träumt,
ein Bettler, wenn er nachdenkt.»

Friedrich Hölderlin

Vorwort

Dieses Buch über die Träume als Ratgeber wendet sich zum einen an alle Träumenden, die Verstehenshilfen suchen, um ihre Träume selber zu deuten, und zum anderen an diejenigen Berater und Psychologen, die oftmals ratlos sind, wenn Ratsuchende ihnen spontan Träume erzählen. Von beiden Gruppen habe ich unzählige Anfragen und Anregungen empfangen für dieses Buch.

Zu der großen Gruppe von Träumern, die Verstehenshilfen für ihre oft wichtigen und eindrucksvollen Träume suchen, gehören seit acht Jahren die zahlreichen Anrufer und die Tausende von Zuhörern bei meinen Traumsendungen in «Ratgeber Lebensfragen» beim Südwestfunk Baden-Baden. Nachdem ich bereits auf Hunderte von Briefen die Fragen zum Selberdeuten der Träume zugeschickt habe, übergebe ich diese Fragen mit vielen Traumbeispielen einem größeren Hörer- und Leserkreis. Besonders im Hinblick auf diese Träumer habe ich mich um eine einfache und allgemeinverständliche Einführung in die Traumpsychologie bemüht. Daß manchem Kundigen bei den vielschichtigen Traumphänomenen meine Ausführungen zu vereinfachend erscheinen mögen, nehme ich im Hinblick auf die genannte Zielgruppe gerne in Kauf.

Der zweite Teil des Buches über die Arbeit mit Träumen in der Lebens- und Paarberatung, in der Familientherapie und in der Pastoralpsychologie ist aus mehreren Traumseminaren für Berater und Psychologen erwachsen. Sie wurden von den Ratsuchenden, die spontan einen Traum in das Beratungsgespräch einbrachten, motiviert, mehr über den Umgang und die Arbeit mit Träumen zu erfahren. Obgleich Freud bereits die Träume als den königlichen Weg zum Unbewußten und zur Seele bezeichnete, sind sie trotz vieler Veröffentlichungen ein Stiefkind in der Praxis der Beratung und Therapie geblieben. Nach der vor Jahren von Renée Nell in der Reihe «Geist und Psyche» vorgelegten Schrift «Traumdeutung in der Ehepaar-Therapie» möchte ich als Psychotherapeut der analytischen Psychologie C. G. Jungs weitere Bereiche aufzeigen, in denen für jeden Menschen die Träume die Funktion eines Ratgebers erhalten. In einer Zeit, in der so viele laute Stimmen und bizarre Bilder auf uns eindringen, stehen viele Menschen in der Gefahr, die raunende Stimme des Ratgebers in sich zu überhören. Auch für die unzähligen einsamen und alleinstehenden Menschen könnte neben dem Fernsehen und dem Kreuzworträtsel das Zwiegespräch mit den eigenen Träumen eine sinnvolle Beschäftigung sein. Bei dem großen Interesse vieler Menschen an den Fragen über das Sterben und den Tod möchte schließlich das Kapitel «Traum und Tod» zu weiteren Erfahrungen und Forschungen anregen, wie die lebendige Seele als ein sich selber regulierendes System den einzelnen auf seinen Ausgang aus dem Leben vorbereitet. Darüber hinaus dürfte es allgemein von Interesse sein, wie die Psyche über die Todesschwelle hinausgreift und den Sterbenden und uns Lebenden Informationen gibt über das, was später kommt.

Ich möchte allen danken, die ihre Träume bereitwillig zur Verfügung stellten mit der Absicht, anderen auf diese Weise Verstehenshilfen zu geben. Auch den Teilnehmern an den Traumseminaren möchte ich für das Interesse und die Mitarbeit an diesem Thema danken und insbesondere für das eingebrachte Traummaterial. Drei Kolleginnen möchte ich namentlich erwähnen: die Eheberaterin Renate Besthorn mit ihrem Beitrag «Ehekrise als Chance», die Familientherapeutin Dr. Ricarda Müssig mit dem Beitrag «Träume in der Familientherapie» sowie Frau Dr. Liselotte Hildebrandt für die Träume eines Sterbenden. Für Hannas persönliche Traumdeutung möchte ich ganz besonders danken. Abschließend danke ich der Diplom-

Psychologin Gudrun Exner für die weiteren Diskussionen über die Protokolle unserer Traumseminare und meiner langjährigen Sekretärin, Frau Hilde Schmidt, für das Protokollieren der Berichte und das Schreiben des Manuskriptes. Ich beschließe mein Vorwort mit der größten Bewunderung für das unausschöpfliche Geheimnis und die Botschaft unserer Träume.

Karlsruhe-Rheinstetten, im Januar 1983

Helmut Hark

Träume selber verstehen

Träume als Information

Wir werden in unserer Zeit zunehmend von Informationen aus aller Welt überflutet. Die Zeitungen berichten uns von den weltweiten politischen Problemen und den vielfältigsten lokalen Ereignissen. Das Fernsehen vermag unseren Blick in den fernsten Winkel der Erde zu lenken oder in wissenschaftlichen Berichten mit Hilfe von Mikroskopen die kleinsten Teilchen der Materie sichtbar zu machen. Doch wo gibt es eine Kamera und einen Filmemacher, der die geheimnisvolle Innenwelt ins Bild setzt? Wie können wir Informationen über uns selbst empfangen, darüber, was uns im Innersten bewegt?

Diese Frage möchte ich mit dem Hinweis auf den Traum beantworten. Der Traum ist die persönlichste Informationsquelle, die jeder in sich hat. Es ist außerordentlich interessant, was die Psychologie und insbesondere die Tiefenpsychologie über die Beweggründe unseres Handelns, unserer Wünsche und Phantasien zu sagen weiß. Doch viele Menschen möchten mehr über sich und ihre ganz persönlichen Fragen und Probleme erfahren. Hierzu könnte der Hinweis geäußert werden, daß man zur Selbsterforschung und zum Ausleuchten seiner Seelentiefe sich an einen Spezialisten wende, wie beispielsweise an einen Psychiater, Psychologen oder Psychotherapeuten, ähnlich wie an einen Röntgenfacharzt für die Durchleuchtung einer bestimmten Körperpartie. Wie ein Röntgenbild einen Körperteil durchleuchtet, so zeigen die Seelenbilder im Traum, was einen Menschen im Innersten bewegt. Da der Traum aber noch immer ein Stiefkind der Wissenschaft ist, haben viele der genannten Spezialisten von der Traumpsychologie zu wenig von dem in ihrem

Studium gehört, was dem einzelnen Träumenden weiterhelfen könnte. Selbst wenn sich in absehbarer Zeit mehr Psychologen und Therapeuten im Bereich der Traumpsychologie fachkundig machen, ließe es sich nicht realisieren, daß jeder interessierte Träumer bei einem Spezialisten einen Platz fände, um seine wichtigen Träume zu besprechen.
Da ich die kurz skizzierte Misere seit zirka zehn Jahren überdenke, bin ich auf die einfache Idee gekommen, Interessierten Hilfen und Anregungen zu geben, ihre Träume selber zu deuten. In zahlreichen Einzelgesprächen, Seminaren und Rundfunksendungen über Träume habe ich ein Schema mit Fragen entwickelt, die die wichtigsten Aspekte eines Traumes entschlüsseln helfen. Wohl nahezu jeder Träumende kann mit Hilfe dieser Fragen seinen Traum deuten. Nachdem der Traum aufgeschrieben vor einem liegt, nehme man in einer besinnlichen Stunde die Fragen zur Hand und bringe seine Einfälle, Gedanken und Antworten wiederum zu Papier. Mit diesem Stück Arbeit gestalten wir die Beziehung zum Traum weiter und fügen seine einzelnen Aspekte in einen bestimmten Bezugsrahmen unseres bewußten Lebens ein. Doch bevor die weiteren Fragen und Anleitungen zum persönlichen Umgang mit Träumen erörtert werden, sollen hier zunächst allgemeine Gedanken zum Traum geklärt werden.

Der Ratgeber in uns

Unter den zahlreichen Ratgebern zu Lebensfragen, Erziehungsproblemen und persönlichen Schwierigkeiten gibt es bisher kaum Hilfen und Anleitungen, wie man seine Träume als Ratgeber für die persönlichen Probleme verstehen kann. Ich bin der Überzeugung, daß jeder Mensch in seiner Seele die Disposition eines Ratgebers hat. Das seelische Leben und die Träume sind so strukturiert, daß in ihnen für jedermann ein Ratschlag enthalten ist. Die Veranlagung und die Anordnung des Ratgebers in uns sehen wir in unseren Träumen am Werke. Diese Disposi-

tion will nicht besagen, daß uns Ratschläge oder gar bestimmte «Patentlösungen» für unsere Probleme einfach in den Schoß fallen. Das Ich des Träumers muß die Botschaft der Traumbilder entschlüsseln, um den Rat im Leben verwirklichen zu können.
Die Beachtung des Ratgebers in sich selber macht die zahlreichen ratgebenden Berufe, wie Ärzte, Seelsorger, Psychologen und Berater, keineswegs überflüssig, sondern kann deren Behandlung ergänzen. Darüber hinaus kann das Gefühl der Abhängigkeit von dem einen oder anderen Fachmann einen Ratsuchenden demütigen. Viele Kranke oder Ratlose fühlen sich erniedrigt, weil ein Fachkundiger und/oder Therapeut in einer überlegeneren Position ist und daher bewußt oder unbewußt Macht ausübt. In diesem nur kurz angesprochenen Teufelskreis von Macht auf seiten der Helfer und das häufig zu beobachtende Gefühl der Ohnmacht auf seiten der Leidenden sind die Träume als persönliche Ratgeber ein wichtiges Element zur Ich-Stärkung. In der beraterischen und psychotherapeutischen Arbeit mit Träumen konnte ich häufig miterleben, wie mutlose und ich-schwache Menschen im Traum etwas konnten, was sie sich im realen Leben bisher nicht getrauten. Durch das meditative Umdenken solcher hilfreichen Traumszenen wurden die darin schlummernden Kräfte dem Ich zugeführt. Ein Beispiel mag diesen Tatbestand verdeutlichen. Eine Patientin, die Angst hat, auf die Straße zu gehen, träumt, daß sie ohne Angst in Begleitung ihrer Cousine die Einkaufsstraße einer Großstadt entlang geht. Zu dieser Cousine hatte die Träumerin eine vertrauensvolle Beziehung. Ihr vertraute sie ihre Probleme an. Die Besprechung der einzelnen Wahrnehmungen, Empfindungen und Einfälle führten zu der Einsicht, daß die Cousine letztlich ein Anteil der Träumerin selber sei. Dieser Traum ermutigte die Patientin dazu, im Vertrauen auf die bisher unbekannte und unbewußte «bessere Hälfte» in ihr selber wieder alleine auf die Straße zu gehen.
Der Rat steht sprachlich und funktional mit dem Begriff der Ratio in Beziehung. Während in unserer Kultur die meisten Menschen mit Hilfe des rationalen Denkens ihre Probleme zu

lösen versuchen, wurde in früheren Zeiten auch das bildhafte Denken, wie es in den Träumen und in der Phantasie abläuft, zu Rate gezogen. Dieses bildhafte Denken wird auch heute noch bei den intakten ursprünglichen Kulturen einzelner Indianerstämme oder bei Negern als ratgebende Instanz benutzt. Den unterschiedlichen Weg, den die verschiedenen Kulturen mit dem rationalen und dem bildhaften Denken eingeschlagen haben, hat ein australischer Eingeborener in den Ausspruch gekleidet: «Der weiße Mann hat keine Träume. Er geht einen anderen Weg. Der weiße Mann, er geht anders» (Coxhead/Hiller, S. 9). Inzwischen hat die wissenschaftliche und experimentelle Traumforschung bewiesen, daß auch der «weiße Mann» Träume hat und diese zur Aufrechterhaltung des seelischen Gleichgewichtes wichtig sind.

Die Beachtung der ratgebenden Funktion der Träume seit der Antike möchte ich an der weisen Traumdeutung des Joseph verdeutlichen. Im ersten Buche Mose, Kapitel 41, werden die folgenden Träume überliefert:

Nach zwei Jahren hatte der Pharao einen Traum: er stand am Nil und sah sieben schöne, fette Kühe aus dem Nil emporsteigen; die weideten im Grase. Nach ihnen sah er aus dem Nil sieben andere Kühe steigen, häßlich und mager; die traten neben die Kühe am Ufer des Nil. Und die häßlichen, mageren Kühe fraßen die sieben schönen, fetten Kühe. Da erwachte der Pharao. Dann schlief er wieder ein und träumte abermals: sieben Ähren wuchsen auf einem Halme, dick und schön; nach ihnen sah er sieben dünne Ähren sprossen, die der Ostwind versengt hatte. Und die dünnen Ähren verschlangen die sieben dicken, vollen Ähren. Da erwachte der Pharao, und siehe es war ein Traum.

Durch diesen sogenannten «großen und archetypischen Traum» wurde der Pharao stark beunruhigt. Die herbeigerufenen ägyptischen Wahrsager, Weisen und Traumdeuter konnten den Traum nicht deuten. In dieser Situation erinnert sich der Obermundschenk des Pharao, wie ihm im Gefängnis ein hebräischer junger Mann, Joseph, ihm eine richtige Deutung seines Traumes gegeben habe. Darauf läßt der Pharao Joseph holen und erzählt ihm die beiden Träume. Joseph gibt darauf die bekannte Deutung von den sieben fetten Jahren und der kommenden Hungersnot. Joseph empfiehlt, daß sich der Pharao nach einem einsichtigen und weisen Mann umsehen möge, der einen «Katastrophenplan» ausarbeitet und für die Hungersnot Vorsorge trifft. Diese Deutung und Planung fand den Beifall des Pharao, und er setzte Joseph als «Wirtschaftsminister» und Regenten über ganz Ägypten ein. In den sieben guten Jahren ließ Joseph die überschüssigen Ernteerträge in Kornspeichern sammeln. Die Überlieferung weiß zu berichten, daß unermeßlich viel Korn gesammelt wurde, so daß man Abstand davon nahm, es zu messen und zu wägen. Als dann die aufgrund des Traumes prophezeiten Hungerjahre kamen, hatte man in ganz Ägypten Brot. Da sich die Dürrezeit auch auf die umliegenden Länder erstreckte, zogen alle nach Ägypten, um bei Joseph Getreide zu kaufen. Josephs zutreffende Traumdeutung muß auf alle einen außerordentlichen Eindruck gemacht haben. Dem von Pharao verliehenen Ehrentitel: «Zaphnath-Pahneach» (1 Mose 41,45), den einige mit «Offenbarer des Geheimen» oder «heimlicher Ratgeber» übersetzen, hat er alle Ehre gemacht. Letztlich hat Joseph nichts anderes getan, als die Stimme des Ratgebers im Traum ernstgenommen, gedeutet und zur Vorsorge verwendet. (Ausführlicheres hierzu siehe in meinem Buch: Der Traum als Gottes vergessene Sprache.)

Während man in alten Zeiten glaubte, daß nur hohe Persönlichkeiten große bedeutende Träume haben, sind wir heute der Auffassung, daß jeder Mensch seinen Seelenführer und seinen Guru in sich selber hat. Diese Rückbesinnung auf den inneren Führer und Ratgeber ist besonders in unserer Zeit aktuell, weil sich unzählige Menschen, darunter viele Jugendliche, östlichen Gurus anvertrauen und dabei nicht selten in eine Abhängigkeit geraten. Wie immer wieder zu lesen ist, gibt es auch falsche Gurus, die die spirituelle Führung zu einer Verführung mißbrauchen. Mit dieser Kritik und Warnung wird die spirituelle Pilgerschaft der wahren Gurus keineswegs infragegestellt. Nach

meiner Überzeugung nehmen die meisten Gurus eine Funktion wahr, die jedem Menschen angeboren ist. Der einzelne muß den Ratgeber in sich selber nur entdecken und durch den Umgang mit den eigenen Träumen schulen.
Das Verständnis der inneren seelischen Prozesse und die Funktion des Ratgebers in uns möchte ich abschließend verdeutlichen und veranschaulichen durch ratgebende Institutionen in der äußeren Realität. Seit ältesten Zeiten haben neben den Ärzten, Priestern und Führern auch die Ratgeber eine wichtige Funktion für das Gemeinwesen. Könige und Präsidenten haben bis heute ihre Ratgeber. Ebenso hat jeder noch intakte Indianerstamm neben dem Häuptling und Medizinmann auch weise Männer und Frauen für das Ratgeben. Häufig schöpfen sie ihre Weisheit und Ratschläge aus Träumen. Was in diesen ratgebenden Personen Gestalt angenommen hat und heute in den Lebens-, Ehe- und Erziehungsberatungsstellen praktiziert wird, sind Funktionen, die der Traum spontan hervorbringen kann. Der Stoff, aus dem die Träume gewoben werden, sind unsere Erfahrungen, Probleme und Wünsche. Besonders wenn uns ungelöste Konflikte quälen, schauen wir nach Rat aus. Gemäß den Statistiken wächst die Nachfrage nach Rat wie eine Lawine an. Bevor jeder für seine speziellen Fragen und Probleme einen qualifizierten Berater findet, kann er anfangen, auf den Ratgeber in sich selber zu hören. Dieser Ratgeber in uns berät uns in der Bildersprache der Träume. Um unsere Träume besser zu verstehen, fragen wir im nächsten Kapitel: Was ist ein Traum?

Was ist ein Traum?

Die Träume sind eine Lebenstätigkeit der Psyche. Die körperlichen Reize und die psychischen Prozesse werden durch die Träume während des Schlafes weiterbearbeitet. In den Träumen webt die Seele an den Lösungsmöglichkeiten unserer Lebensprobleme. Die Träume tragen dazu bei, daß unser Leben in der Waage bleibt.

Träume sind eine Selbstdarstellung von Lebensprozessen in uns. Der Stoff, aus dem die Träume gewoben werden, sind meistens emotionale Erfahrungen wie beispielsweise Ängste, Enttäuschungen, ungelöste Probleme oder gebremste Lust. Die Psychodynamik solcher und anderer Lebenserfahrungen wird im Traum in die Bildersprache übersetzt und damit der Auseinandersetzung zugänglich. Was man dumpf fühlte oder dunkel ahnte, wird in den Träumen einsichtig. Träume sind eine wichtige Lebensorientierung.

Carl Gustav Jung sagt über die Träume: «Das reinste Produkt des Unbewußten haben wir im Traum vor uns; der Traum weist unmittelbar auf das Unbewußte hin, denn er ‹passiert›, und wir haben ihn nicht erfunden. Er bringt unverfälschtes Material. Was durch das Bewußtsein gegangen ist, ist immer schon gesiebt und umgegossen» (Gespräch, S. 877).

Einer der bedeutendsten Vertreter der analytischen Psychologie C.G. Jungs, C.A. Meier, schreibt über die Funktion unserer Träume:

1. Der Traum stellt die unbewußte Reaktion auf die bewußte Situation dar.

Es kann oft gezeigt werden, daß der Traum der bewußten Situation einen Aspekt zufügt, welcher unserer Auffassung entgangen war. Meist handelt es sich um habituelle Einseitigkeiten unserer Einstellung zu einer Wahrnehmung oder einem Erlebnis, welche auf diese Weise durch die Traumschilderung komplettiert werden. Es handelt sich also um Ergänzung durch etwas, das objektiv fehlt, wozu also der Tageseindruck *Bedingung* ist.

2. Der Traum stellt eine Situation dar, die aus dem Konflikt von Bewußtsein und Unbewußtem entstanden ist.

Für eine solche Möglichkeit stellt die Eigenständigkeit des Unbewußten eine *Voraussetzung* dar. Damit bedeutet diese zweite Stufe schon einen weiteren Schritt in Richtung auf die Autonomie des Unbewußten.

3. Der Traum stellt eine Tendenz des Unbewußten dar, welche auf eine Veränderung der bewußten Einstellung abzielt.

In solchen Fällen muß angenommen werden, daß das *Potential des Unbewußten* größer ist als dasjenige des Bewußtseins, womit seine Autonomie maximal wäre. Es handelt sich deshalb hier immer um hochemotionale, bedeutsam erscheinende Träume, welche auch tatsächlich in der Lage sind, eine Umstellung des Bewußtseins zu bewirken, oder, wie man auch zu sagen pflegt, eine Sinnesänderung herbeizuführen.

4. Endlich gibt es auch Träume, welche unbewußte Prozesse darstellen, die keine Beziehung zum Bewußtsein erkennen lassen.

Sie werden gewöhnlich als «große Träume» empfunden, haben oft den Charakter von Erleuchtung oder gar eines Orakels (Bedeutung des Traumes, S. 159).

Diese Leitsätze von C. A. Meier, die durch die Erläuterungen wohl allgemeinverständlich sind, möchte ich ergänzen durch meine Erfahrungen in der Arbeit mit Träumen. Am erstaunlichsten finde ich, daß von Träumen eine überzeugende Wirkung ausgehen kann, die eine Wandlung in der Haltung und Einstellung herbeiführt. Während ich mich zum Beispiel in mehreren Beratungsgesprächen mit einem Ratsuchenden vergeblich bemüht habe, dessen Minderwertigkeitskomplexe abzubauen und an der sogenannten Ich-Stärkung zu arbeiten, brachte folgender Traum einem ratsuchenden Informatiker einen wichtigen Impuls zur Wandlung. Der Träumer sitzt an einem Tisch vor einem Zahlenfeld, das ihn an einen Lottozettel erinnert. Es sind die Zahlen in der zweiten Reihe von oben und von unten sowie am linken Rand angekreuzt, so daß sich das Bild des Buchstabens «C» ergibt. Von dieser Zahlenkombination geht eine mutmachende Wirkung aus. Hoffnungsvoll erwacht der Träumer. Der bisher erfolglose und darum niedergeschlagene Informatiker sieht in dem C ein Symbol aus der Programmiersprache: C = clock. Der Träumer hat das Gefühl, daß die Stunde des Glücks jetzt für ihn gekommen ist und er erfolgreich an seinem Berufsziel weiterarbeiten kann.

Nach den eingangs genannten Erfahrungen, die der Traum zu Symbolen komponiert und kombiniert, wie ein Weber das Muster eines Teppichs gestaltet, und nach den von C.A. Meier genannten vier Funktionen des Traumes möchte ich abschließend mit Hilfe einiger Zitate des wohl größten und bedeutendsten Tiefenpsychologen unserer Zeit, Carl Gustav Jung, der im Verlaufe seines Schaffens zirka 80000 Träume bearbeitet hat, die Botschaft der Träume herausarbeiten. Nach Jungs Erfahrung drücken die Träume das aus, was das Ich des Träumers bisher noch nicht richtig gesehen oder verstanden hat:

«Träume sind keine beabsichtigten und willkürlichen Erfindungen, sondern natürliche Phänomene, die nichts anderes sind, als was sie eben darstellen. Sie täuschen nicht, sie lügen nicht, sie verdrehen und vertuschen nicht, sondern verkünden naiv das, was sie sind und meinen. Sie sind nur darum ärgerlich und irreführend, weil wir sie nicht verstehen. Sie wenden keine Kunststücke an, um etwas zu verbergen, sondern sagen das, was ihren Inhalt bildet, in ihrer Art so deutlich wie möglich. Wir vermögen auch zu erkennen, warum sie so eigentümlich und schwierig sind: die Erfahrung zeigt nämlich, daß sie stets etwas auszudrücken bemüht sind, was das Ich nicht weiß und nicht versteht» (Erinnerungen, S. 417).

Im Unterschied zum menschlichen Ich-Bewußtsein, das die Dinge vereinzelt sieht und analysiert, kommt die Seele im Traum mit der Tiefenperson in Beziehung. Jung beschreibt diese Ganzheitserfahrung mit dem Bild der Türe, durch die man im Traum die geheimnisvollsten Seelenräume betritt. «Der Traum ist die kleine verborgene Tür im Innersten und Intimsten der Seele, welche sich in jene kosmische Urnacht öffnet, die Seele war, als es noch längst kein Ichbewußtsein gab, und welche Seele sein wird, weit über das hinaus, was ein Ichbewußtsein je wird erreichen können. Denn alles Ichbewußtsein ist vereinzelt, erkennt Einzelnes, indem es trennt und unterscheidet, und gesehen wird nur, was sich auf dieses Ich beziehen kann. Das Ichbewußtsein besteht aus lauter Einschränkungen, auch wenn es an die fernsten Sternnebel reicht. Alles Bewußtsein trennt; im Traum aber treten wir in den tieferen, allgemeineren, wahreren, ewigeren Menschen ein, der noch im Dämmer der anfänglichen

Nacht steht, wo er noch das Ganze, und das Ganze in ihm war, in der unterschiedslosen, aller Ichhaftigkeit baren Natur. Aus dieser allverbindenden Tiefe stammt der Traum und sei er noch so kindisch, so grotesk, noch so unmoralisch» (Erinnerungen, S. 417).

Es könnte sein, daß diese geheimnisvoll klingende Beschreibung des Traumphänomens besonders die rational Denkenden befremdlich anmutet. Sie werden im nächsten Kapitel über die Traumstruktur wieder einleuchtendere und nachprüfbare Fakten über den Traum finden. Zusammenfassend möchte ich auf die Eingangsfrage, was ein Traum sei, die vorläufige Antwort geben, daß wir in unseren Träumen die Psyche in Aktion sehen. In den psychischen Prozessen waltet eine Regulation und Kompensation, so daß die Träume scheinbar ein sich selber regulierendes System bilden. Dieser Versuch der Selbstregulierung ermöglicht es, daß die innere seelische Wirklichkeit und die äußere Realität in ein ausgewogenes Verhältnis gegenseitiger Beeinflussung und Ergänzung gelangen.

Traumstruktur und Traumsymbole

Das Rätselhafte und Dunkle mancher Träume beginnt sich zu lichten, wenn man einen «roten Faden» darin entdeckt. Besonders lange Träume mit einer Vielzahl von verwirrenden Bildern und Motiven wirken auf den Anfänger der Traumdeutung wie ein Labyrinth. Das Urbild des Labyrinthes, nach dem später in aller Welt die Irrgärten und Irrgänge angelegt wurden, findet sich im Königspalast auf Kreta. Nach dem Mythos fand dort der Held Theseus nach seinen Abenteuern mit dem Minotauros den Rückweg aus den Irrgängen des Labyrinthes mit Hilfe eines Wollknäuels, den ihm Ariadne aus Liebe geschenkt hatte. Der sogenannte Ariadnefaden und das Labyrinth sind zu einer Metapher geworden, wie man in den Wirrnissen des Lebens oder in der scheinbaren Ausweglosigkeit schließlich doch einen «roten Faden» sieht, der einem hilft, den weiteren Weg zu erkennen oder einen Ausweg zu finden. So ein Faden zieht sich auch durch unsere Träume. Einen ersten Durchblick durch unsere Träume, insbesondere durch rätselhafte und verwirrende, erhalten wir durch das Erkennen der Traumstruktur.

Die meisten Träume, die wir vollständig erinnern, haben einen dramatischen Aufbau, wie ein klassisches Drama. Es gibt Untersuchungen darüber, daß bereits in der Antike die Griechen als Grundmuster für ihre klassischen Theaterstücke den dramatischen Aufbau des Traumes verwendet haben. Auf diesem Zusammenhang beruht auch das Ergreifende und Beeindruckende eines antiken Dramas oder eines klassischen Theaterstückes. Es bringt in uns vorhandene Seiten und Anlagen zum Schwingen.

Bevor ich an einem Traumbeispiel aus meiner Praxis den dramatischen Aufbau eines Traumes schildere, möchte ich die vier Phasen kurz beschreiben.

1. *Einleitung* mit Angaben zum Ort der Handlung. Die genaue Beachtung der Ortsangabe läßt erste Rückschlüsse auf den derzeitigen Standort oder gar «Standpunkt» des Träumers zu. So ist es wohl jedermann einsichtig, daß ein Träumer, der über eine Wiese spaziert, sich in einer anderen Position befindet als derjenige, der durch ein engerwerdendes Rohr kriechen muß. Auch die Angaben über die Zeit sind aufschlußreich, ob jemand etwa ein Ereignis von gestern weiterträumt oder in seine Kindheit versetzt wird. In manchen Träumen durchlebt man sogar recht ferne Zeiten.

2. *Exposition* mit Ausführungen über das darzustellende Grundproblem im jeweiligen Traum. In dem folgenden Beispiel spiegelt sich der Partnerschaftskonflikt eines 32jährigen Chemielaboranten, dessen Ehe nach sieben Jahren ins Stocken geraten war. In dieser Krise dachte der Träumer häufig an seine glückliche Jugend. Zu diesen Erinnerungen gehörte insbesondere das Angeln. Mit diesem positiv gefüllten Bild aus der Vergangenheit kombiniert die Psyche im Traum die festgefahrene und «verholzte» Ehesituation.

3. In der *Peripetie* steigert sich die Traumhandlung zu einem

dramatischen Höhepunkt. Die Lösung bahnt sich an oder Angstgefühle lassen die kommende Katastrophe ahnen. In dem gewählten Traumbeispiel hat der Träumer dadurch, daß er ins Wasser ging, bewirkt, daß der am Grund festgehakte Baum durch den Fußtritt sich hat lösen können und in der Strömung des Flusses forttreiben konnte. Dieses positive Bild zeigt in den weiteren Motiven, wie sich die Ehesituation im Traum wandelt.

4. Die *Lösung* des Traumes zeigt einen vorläufigen Abschluß, der in der Regel nicht in einer «Patentlösung» besteht, sondern auch nach einer Katastrophe aussehen kann. Auf diese Weise will die Seele Kräfte mobilisieren und das Ich des Träumers motivieren, die Aufgabe anzupacken und nach Lösungen zu suchen. Der Ausgang des folgenden Traumes ist aus sich heraus verständlich und trug dazu bei, daß der Träumer eine neue emotionale Beziehung zu seiner Frau fand.

Traum 1

1. Einleitung: Ich stehe am Ufer eines Flusses und angle. Die Schnur spannt sich, wie wenn ein großer Fisch angebissen hätte.

2. Exposition: Dann stehe ich bis zu den Hüften im Wasser, um den Fang an Land zu bringen. Ich stoße mit den Füßen an einen Baum, der sich durch die Berührung vom Grund löst und im fließenden Wasser forttreibt.

3. Peripetie: Während ich genau hingucke, sehe ich, daß sich der Baum im Strudel des strömenden Wassers wendet. Er hat jetzt eine Baumkrone mit Blättern. Durch eine besondere Spiegelung des Wassers erkenne ich zwischen den Blättern ein Gesicht mit einem roten Mund.

4. Lösung: Ich schwimme zu dem Baum, steige herauf, um mit der Strömung fortgetrieben zu werden. Ich suche in den Blättern wieder das Gesicht. Es trägt Züge meiner Frau. Ich küsse ihren Mund. Mit einem starken Liebesgefühl erwache ich.

Traum 2

Den dramatischen Aufbau eines Traumes will ich ferner an einer Tagebuchaufzeichnung des Dichters Hermann Hesse verdeutlichen. Hesse schreibt in seinem Tagebuch des Jahres 1920 (Kiessig, S. 179):

1. Einleitung: «Heute Nacht hatte ich einen ungewöhnlichen Traum, insofern ungewöhnlich, als ich bisher noch nie einen tiefen Absturz geträumt habe, ohne während des Sturzes zu erwachen. Und diesmal erwachte ich nicht, wenigstens nicht ganz. Es war so: ich fuhr mit einer großen Gesellschaft in einem Wagen mit Pferden auf einer Landstraße.»

2. Exposition: «Wir kommen an eine Stelle, wo die Straße große Kurven macht, um einen Abgrund zu umgehen, und plötzlich sehe ich, daß unsere Pferde, statt der Kurve zu folgen, geradeaus laufen und senkrecht in den Abgrund stürzen.»

3. Peripetie: «Im Augenblick befanden wir uns auch schon fallend in der Luft – und an dieser Stelle hätte, nach meiner Erfahrung, mit einem Moment von Angst und Schwindelgefühl der Traum abbrechen müssen. Es ging aber ein Stückchen weiter. Wir alle im Wagen wurden still und bleich, man wartet in furchtbarster Spannung auf den Moment, wo wir unten aufschlagen würden.»

4. Lösung: «Das Fallen durch die Luft dauerte lange, dann sagte einer von uns: ‹Jetzt!›, und wir schlugen auf, und ich verlor das Bewußtsein. Ich hatte (der Traum dauerte noch immer an) das Gefühl, ich würde am Leben bleiben, aber natürlich nicht unverletzt, und wartete mit banger Spannung darauf, wie mir beim Wiedererwachen aus der Ohnmacht zumute sein werde. Ich erwachte denn auch, ganz langsam und allmählich, und hatte zunehmend ein häßliches Gefühl von Kranksein und Lähmung.»

Nach dem Lesen dieses Traumes wird wohl jeder den katastrophalen Ausgang deutlich nachempfinden. Bereits in der Exposition wird die Dramatik des Traumgeschehens im Bild der durchgehenden Pferde deutlich. Die Pferde symbolisieren die

Triebimpulse und die außerordentlich bewegte Psychodynamik des Träumers. (Im nächsten Kapitel wird das Verständnis der Tiersymbole als Triebdynamik erklärt.) In der Peripetie steigert sich das Traumgeschehen im Bild von dem in der Luft fallenden Wagen zu einem Höhepunkt. Die katastrophale Lysis erlebt Hesse in dem «häßlichen Gefühl von Kranksein und Lähmung». Dennoch schildert der Dichter, daß er trotz der Verletzung bereits im Traum das Gefühl hatte, er würde am Leben bleiben.
Dieser Traum spiegelt die Lebenskrise des Dichters im Jahre 1920. Nach einem ersten Höhepunkt des dichterischen Schaffens mit dem Erscheinen des «Demian» im Jahre 1919 ist das folgende Jahr nach Hesses Tagebuch «das unproduktivste in meinem Leben gewesen, und damit das traurigste... Jetzt lebe ich, seit beinah anderthalb Jahren wie eine Schnecke, langsam und sparsam, die Flamme ist ganz tief geschraubt» (Zeller, S. 89). Der Biograph von Hesse, B. Zeller, berichtet, daß der Dichter bereits im Jahre 1916 in einer schweren Lebenskrise (Tod des Vaters, ernste Krankheit seiner Frau und des Sohnes Martin) psychotherapeutische Hilfe bei Dr. J.B. Lang (einem Anhänger der analytischen Psychologie C.G. Jungs) suchte und im Jahre 1921 Jung selber zu Gesprächen aufsuchte. Der Kontakt und die Arbeit mit diesen beiden großen Psychotherapeuten läßt uns verständlich werden, daß Hesse neben seiner dichterischen Intuition vor allem durch die tiefenpsychologische Selbsterfahrung zum Umgang mit Träumen gekommen ist. In seinen Werken (z.B. Demian und Siddhartha) hat der Dichter mit Hilfe von Träumen der Handlung einen dramatischen Verlauf gegeben.

Traum 3

Abschließend möchte ich als Beispiel zum Erkennen der dramatischen Traumstruktur den Traum einer Patientin wiedergeben, den der Arzt und Psychotherapeut H. Dieckmann in seinem Buch: «Träume als Sprache der Seele» (S. 191) veröffentlicht hat. Der Traum lautet:

«Ich ging im Wald spazieren. Irgend jemand war noch bei mir. Plötzlich sah ich eine große grüne Schlange; sie kam wütend auf uns zu. Ich wollte meinen Partner vor der Schlange beschützen, denn ich hatte keine Angst vor ihr. Ich wußte auch, daß die Schlange besonders meinen Partner angreifen wollte. Mein Partner hatte Gelegenheit fortzulaufen. Jetzt war ich mit der Schlange alleine, ich wollte sie ablenken, um dann auch entwischen zu können. Die Schlange merkte das und biß mich dafür, daß ich weglaufen wollte, in die Hand. Es tat sehr weh. Außerdem dachte ich, daß die Schlange mich eventuell vergiftet hat. Ich lief schnell zu unserer Kinderärztin, verlangte dort bevorzugte Behandlung, da ich Angst hatte, daß das Gift schnell wirken könnte. Ich wurde böse, als ich nicht gleich behandelt wurde. Als sich die Kinderärztin meine Hand besah, fing sie an, mich auszulachen, und fragte mich, ob ich wirklich ernsthaft geglaubt hätte, daß mich die Giftschlange gebissen hat. Ich wertete dies als Angriff. Sie fragte mich, ob sie zu meiner Beruhigung die Wunde mit etwas Alkohol auswaschen solle. Ich war wütend und sagte ihr, daß ich das dann auch alleine könnte. Ich hatte irgendwie das Bedürfnis, wieder mit der Schlange zusammenzutreffen. Ich spürte, der Biß war gerecht, wenn ich das der Schlange sagen könnte, würde sie mir helfen können.»

Bevor Sie, verehrte Leserin oder Leser, weiterlesen, empfehle ich Ihnen, in dem Traum zunächst selber den dramatischen Aufbau aufzuspüren. Auf diese Weise könnten Sie sich gleichzeitig darin einüben, auch in Ihren eigenen Träumen den Handlungsverlauf und die Struktur zu erkennen. Wie ich einleitend sagte, kann dieser erste Überblick über das manchmal verworren erscheinende Traummaterial dazu beitragen, den «roten Faden» zu finden und die Botschaft der Seele zu verstehen.

Zu dem Traum, den die 30jährige Patientin zur 97. Behandlungsstunde mitbrachte, möchte ich noch folgende Anmerkungen machen. Die Träumerin ist seit zehn Jahren mit einem wesentlich älteren Mann verheiratet, dem sie sich völlig unterordnete. Die Verleugnung und Verdrängung eigener Triebwünsche hatten bei der Patientin zu einer schweren neurotischen Sym-

ptomatik geführt. Die eheliche Konfliktsituation spiegelt sich in dem vorliegenden Traum.
Der Anfang des Traumes schildert kurz eine friedliche Welt als Fassade für die scheinbar glückliche Ehe, in die durch die «Schlangenkraft» eine kämpferische Auseinandersetzung kommt. Die Träumerin weiß zunächst, daß die Schlange ihren Partner angreifen will. In dem Symbol der großen grünen Schlange, die wütend den Partner angreifen will, zeigt sich ein Stück der abgespaltenen Lebens- und Triebkraft der Patientin.
Die Exposition des Traumes führt uns wie in einem Film das Drama der Ehekonflikte vor Augen. Betrachten wir den Gang der Handlung von der Schlange aus, in der sich die zunächst unbewußten Affekte, Instinkt- und Triebkräfte bemerkbar machen. Diese Lebenskräfte wurden bisher verleugnet, oder wie es im Traum heißt: «ich hatte keine Angst vor ihr». Ferner zeigt sich ein Stück Projektion, indem die Schlange mutmaßlich den Partner angreifen will. Im Klartext müßte es eigentlich heißen: Ich habe Wut auf meinen Partner, ich möchte ihn angreifen. Mit diesem abgespaltenen Affekt kommt die Träumerin dadurch in Beziehung, daß sie in die Hand gebissen wird.
Die Peripetie im Traum wird durch die merkwürdige Behandlung bei der Kinderärztin und durch das Gespräch eingeleitet. Diese Szene spiegelt wichtige Erfahrungen in der psychotherapeutischen Behandlung wieder. So wie die Träumerin wegen der Angst vor dem Schlangengift den Arzt aufsucht, hatte sie sich auch wegen der quälenden Neurose in Therapie begeben. Zunehmend lernte sie, zu ihrer unterdrückten Wut und Affektivität zu stehen. In der Beziehung zum Therapeuten und mit Hilfe seiner Behandlung konnte das sogenannte Böse und die abgespaltene Wut, die in der wütenden Schlange symbolisiert waren, als die eigenen Triebkräfte angenommen werden.
Die Lösung in der Therapie und im Traum zeigt sich darin, daß die Patientin «es alleine kann». Am Ende kommt auch nicht mehr die Schlange wütend auf die Träumerin zu, sondern sie kann jetzt sagen: «Ich war wütend...». Schließlich hat die Patientin das Bedürfnis, «wieder mit der Schlange zusammenzu-

treffen». Es wird anerkannt, daß der Schlangebiß richtig war und zur Therapie führte. Im Kampf mit der Neurose wandelte sich das gefürchtete Schlangengift zur heilsamen Medizin.
Die geschilderten Beispiele wollten zeigen, daß in dem dramatischen Aufbau unserer Träume sowohl Hinweise zur Diagnostik und Selbsterkenntnis enthalten sind, als auch Lösungsvorschläge gemacht werden und heilende Kräfte für die Psychotherapie freigesetzt werden.

Traumsymbole

Nachfolgend geht es um den Versuch, die Vielgestaltigkeit der verschiedenen Traummotive einigen Symbolfeldern zuzuordnen, um auf diese Weise eine gewisse Richtung für die Bedeutung der Traumbilder zu erhalten. Ganz allgemein läßt sich sagen, daß die besonders häufig vorkommenden Tierträume uns unsere «Triebnatur» und Animalität vor Augen führen. Doch wie es im Tierreich die vielfältigen Gattungen gibt, bis hin zu den Kaltblütern, so ist es auch in unseren Träumen ein Unterschied, ob wir ängstlich vor einem Stier fliehen oder lustig auf einer Stute reiten.
Bei den nach meiner Beobachtung häufig vorkommenden Tierträumen sollte man als erstes die Traumhandlung genau beachten, ob uns das «Tier- und Triebhafte» Angst macht, oder ob wir einen vertrauten Umgang mit dem Tier im Traum erleben. Einen weiteren Aufschluß erhalten wir über das Auftauchen eines bestimmten Tieres im Traum, wenn wir uns erinnern, was wir mit diesem Tier erlebt haben. So kann es beispielsweise sein, daß uns ein Hund im Traum immer wieder Angst macht. Vielleicht erinnern wir uns, als Kind einmal von einem bissigen Hund angefallen worden zu sein, und uns sitzt dieser Schrecken noch in den Knochen. Durch eine in den letzten Tagen bewußt oder unbewußt wahrgenommene angstbesetzte Erfahrung wird das ursprüngliche Bild mit der Angst vor dem bissigen Hund wieder in uns lebendig. So ist es vorstellbar, daß die Seele in den Träumen die Bilder kombiniert und an-

hand vergangener Erlebnisse die noch unbewältigten Erfahrungen der letzten Tage kommentiert.

Bei dem Versuch einer allgemeinen Deutung der Tiersymbolik als Ausdruck unserer Leidenschaft und unserer Triebhaftigkeit sollten wir stets unsere speziellen Erfahrungen und Eindrücke mit unseren Tieren im Traum beachten. Trefflich beschreibt der erfahrene Tiefenpsychologe Ernst Aeppli in seinem Buch «Der Traum und seine Deutung» (S. 358), wie wir durch die Tierträume mit unserer Instinktgrundlage in Beziehung gelangen: «Der Traum vom Tiere verbindet uns mit unserer eigenen tiernahen Instinktgrundlage, mit den natürlichen Funktionen unseres Leibes, dem Drange unserer Triebe. Nie sind wir vom Tiere ganz abgetrennt. Man erinnere sich nur der Tatsache, daß im Leibe der Mutter der werdende Mensch in raschester Entwicklung andeutungsweise alle Stufen animalischer Existenzformen durchläuft, daß also jeder seine tierhaften Möglichkeiten durchrepetiert. Erst nachdem er diesen eigenartigen Erinnerungsweg erledigt hat, langt der Mensch da an, wo er mehr und ein anderes wird als das Nur-Tier. Tiersymbole vermögen die Richtung unseres Tuns, die Art und Kraftfülle unserer Triebrichtung im Gleichnis ihrer Wesensart auszudrücken.»

Ein weiteres Symbolfeld ist die Pflanzenwelt in unseren Träumen als Sinnbild des vegetativen Lebens. Wie häufig wandern wir in unseren Träumen durch den Wald oder gehen über eine Wiese. Wenn in unseren Träumen Blumen erblühen oder wir einen farbenprächtigen Strauß überreicht bekommen, so bedeutet dies etwas Positives, indem im Träumer die Gefühlswelt erblüht. Umgekehrt verweisen verwelkte Blumen und Pflanzen auf Gefühlsverstimmungen oder absterbende Emotionen. Wie wir im realen Leben Blumen sprechen lassen, so benutzt auch der Traum diese Zeichensprache, um Erfreuliches oder Problematisches anzuzeigen. Was in unzähligen Gedichten der Weltliteratur über Blumen und Pflanzen gesagt worden ist, verdichtet sich gelegentlich in unseren Träumen und vermittelt uns eine persönliche Botschaft, wie es in unserem Gefühlsbereich aussieht. Die Vielschichtigkeit eines einzigen Blumensymbols verdeutliche ich abschließend mit E. Aepplis Deutung der Rose im Traum (S. 394): «Die Rose erblüht auch im Garten der Träume in persönlicher, wenn auch vielfältiger Schönheit. Sie ist mit allem Hohen, Gefühlsvollen, mit dem Zauber ihres Reichtums besetzt und verkündet gleichzeitig eine beseelte große Geistigkeit. Die Fülle ihrer Blütenblätter und ihrer Blüten bezeugen den Reichtum der Seele. Der Bau ihrer Blüte wird zu einem Gleichnis höchster Vollkommenheit. Deshalb kann ihr auch etwas Göttliches, etwas Sakrales eignen, wobei die Dornen und damit die Nähe des Kreuzes nicht zu übersehen sind. Rosenträume verkünden fast immer Herrliches. Doch der Gegenlauf des Beglückenden, das Leiden, ist auch da.»

Als letztes Beispiel für die Zuordnung eines Traumes zu einem Symbolfeld wähle ich das Haus mit seinen verschiedenen Räumen und Etagen als Gleichnis unseres Leibes und Lebens. Ähnlich wie in manchen Darstellungen der Kunst könnte man den Kopf mit dem «Dachstübchen» eines Hauses vergleichen. Das Wohnzimmer hat manche Analogien zum Körperbereich unserer Brust, in der die lebenswichtigen Organe ihren Raum haben. Es bedarf wohl keiner besonderen Phantasie, um sich vorstellen zu können, daß unser Bauch mit den Eingeweiden und dem Verdauungstrakt die Küche ist. Die häufig vorkommenden Toiletten-Träume führen uns die wichtigen Funktionen des Unterleibes vor Augen. Die Kellerräume und die unterirdischen Gänge, in denen wir uns gelegentlich in den Träumen befinden, sind bestimmte Schichten unserer unbewußten Seele. Wir können durch die genaue Beachtung der Räume in unseren Träumen wichtige Hinweise erhalten auf die Botschaft, die uns das jeweilige Motiv vermitteln will.

Ein Mann in der Lebensmitte hatte folgenden wiederkehrenden Angsttraum, in dem er auf einem Dach herumkletterte und Angst bekam herunterzufallen. Das Problem dieses Mannes bestand in seiner übertriebenen Rationalität. Der Traum sagte ihm in seiner bildhaften Sprache, daß er sich mit seinem Intellekt zu hoch verstiegen habe und er wieder in das Haus seines Lebens zurückkehren müsse. Ein anderes Beispiel sind die Träu-

me einer Bauernfrau, die noch ganz mit Küche und Herd identifiziert war. Sie träumte wiederholt, daß sie in der Küche arbeitete. Die Tür geht auf und eine gleichaltrige Bekannte winkte ihr, herauszukommen und zu einem Spaziergang fortzugehen. Die Bekannte war in der Realität dafür bekannt, daß sie nicht nur in ihren hausfraulichen Pflichten aufging, sondern auch etwas für sich persönlich tat und an ihrer Selbstverwirklichung arbeitete. Unsere Träumerin verstand den Wink in ihren Träumen zunehmend besser. Sie suchte wie die Bekannte eine neue Orientierung für ihr Leben und wurde dabei zufriedener und ausgeglichener.
Die geschilderten Beispiele und die Zuordnung bestimmter Traummotive zu bestimmten Symbolfeldern mögen den Leser anregen, seine Träume ebenfalls den darin anklingenden Lebensbereichen zuzuordnen. Indem wir unser Wissen und unsere Informationen über die im Traum anklingenden Motive mit dem Erfahrungsbereich in der Realität in Beziehung setzen, sind wir bereits in einen inneren Dialog eingetreten.

Der Dialog mit Träumen

Abschließend sollen noch kurz zwei praktische Fragen bedacht und beantwortet werden: Wie kann jedermann den Umgang mit seinen Träumen einüben? Und wozu können uns Träume verhelfen? Durch unzählige Gespräche habe ich im letzten Jahrzehnt den Eindruck gewonnen, daß jedermann mit seinen Träumen etwas anfangen kann. Sicher ist es anfänglich für jemanden, der eine lebhafte Phantasie hat und dem das bildhafte Denken liegt, leichter, die Symbole und die Botschaften seiner Träume zu entschlüsseln, als für einen stark rational geprägten Menschen. Da nach experimentellen Untersuchungen der Schlaf- und Traumforscher jeder Mensch träumt, ist es nur eine Frage des Behaltens und des Festhaltens der Traumbilder. So wie man sein Gedächtnis und sein Erinnerungsvermögen trainieren kann, so kann man auch seine Fühler ausstrecken und den Inszenierungen der Seele zunehmend mehr Aufmerksamkeit zuwenden und Beachtung schenken. Diese Haltung scheint ein besonders wirkungsvoller Anreiz zu sein, sich seiner Träume zu erinnern. Einige chronische Nicht-Erinnerer von Träumen haben mir berichtet, wie sie durch Gespräche über die Bedeutung der Träume oder durch die Lektüre von Büchern über den Umgang mit Träumen dazu animiert wurden, ihre verschüttete Traumwelt wiederzugewinnen.

Ein weiterer Schritt, seine Träume zu Worte kommen zu lassen, ist das Aufschreiben in ein Traumtagebuch. Indem die Traumbilder uns beim Schreiben durch die Hände rinnen, beginnen wir die Botschaft zu begreifen. Schließlich gewinnen unsere Träume «Hand und Fuß», wenn wir sie in die Lebensgestaltung einbeziehen. Dabei geht es nicht darum, das Geträumte einfach in die Tat umzusetzen. Wenn jemand zum Beispiel geträumt hat, er ginge mit der Frau seines Freundes fremd oder er ermorde in einem Wutanfall seinen Chef, so lautet die Botschaft nicht einfach: Gehe hin und tue desgleichen. Solche Träume motivieren dazu, sich mit den entsprechenden Phantasien und Gefühlen in sich selber auseinanderzusetzen und sich solche Wünsche einzugestehen. Schließlich hat wohl jeder so viel Verstand und Verantwortungsbewußtsein, die Botschaft der Träume so zu realisieren, daß es der Würde des Menschen zuträglich ist und dem anderen keinen Schaden zufügt.

In den Träumen führt die Seele einen Dialog mit dem Träumer. Im Träumen erlebt jeder die dialogische Existenz in sich selber. Genauso wesentlich wie die Gespräche mit unseren Angehörigen oder den Mitmenschen ist das Zwiegespräch mit sich selber. Dazu bieten uns die Träume wichtigen Zündstoff. Welche Initialzündungen im persönlichen und sogar auch im wissenschaftlichen Bereich von Träumen ausgehen können, schildere ich anhand von Beispielen zu den 16 ausgewählten Fragen an einen Traum. Mit Hilfe dieser Fragen können Sie Ihre Träume selber entschlüsseln und dahinterkommen, wer Sie sind und wie Sie sind.

Sechzehn Fragen zur Deutung von Träumen

Jeder Träumer besitzt das Urheberrecht für seinen Traum und dessen Deutung. Das durch die Tiefenpsychologie wiederentdeckte Verständnis der Träume und deren wichtige Funktionen für das Seelenleben und das reale Leben sollte nicht dazu führen, daß der Berufsstand der «Psychofachleute» und die Tiefenpsychologen eine Machtposition im Hinblick auf die Träume erhalten oder behalten. Wie in den alten Kulturen sollten sich die Träumer unserer Zeit wieder ein Traumverständnis erwerben, um die Botschaften aus der eigenen Seele zu verstehen.
Durch Fragen an einen Traum kann jedermann in ein fruchtbares Selbstgespräch mit seiner Seele kommen. So interessant diese Erfahrung sein mag, wirft sie sogleich die Frage auf: Welche Fragen kann ich an meinen Traum richten, damit die zunächst geheimnisvolle Botschaft entschlüsselt wird? Weiter sollte überlegt werden, ob es gegebenenfalls «dumme» Fragen und unzutreffende Überlegungen gibt, die dem Wesen des Traumes nicht gemäß sind. Oft ist es im Leben wohl so, daß man sich mit einer trefflichen Frage schon ein Stück weit den Weg zu einer Antwort erarbeitet. Aus meiner langjährigen Arbeit mit Träumen habe ich für den Umgang mit Träumen solche Fragen formuliert, die dem Wesen, der Funktion und dem Sinn des Traumes gemäß sind. Aus der Vielzahl von Fragen zu einzelnen Traumdetails habe ich insbesondere Fragen ausgewählt, die dem Träumer die Wechselbeziehungen zwischen dem Traum und seinem Leben verdeutlichen helfen. In vielen Träumen tritt in der Traumhandlung oder in den handelnden Personen ein vergangenes oder gegenwärtiges Stück Lebensgeschichte in Erscheinung. Was wir längst vergessen haben, kann der Traum wie ein Computer aus den gespeicherten Daten und Informationen

eines «Terminals» in der Seele abrufen, um uns anhand vergangener Erlebnisse die gegenwärtige Erfahrung einsichtig zu machen. Was in den Tiefenschichten unserer Psyche an geschichtlichen Erfahrungen aufgehoben wird, kann durch den Traum abgerufen werden. Die Träume aus der Lebensgeschichte tragen dazu bei, daß sich der einzelne seiner geschichtlichen Identität bewußt bleibt. Gerade in einer Zeit, in der so viele Menschen ein zunehmend geringeres Geschichtsbewußtsein haben, können Träume aus der Lebensgeschichte an unsere Vergangenheit erinnern und diese damit innerlich lebendig erhalten.
In manchen Träumen erscheinen längst verstorbene Familienmitglieder oder gar die Großeltern, die wir nur noch dunkel aus unserer Kindheit in Erinnerung haben. Es gibt auch sogenannte Ahnenträume, in denen Vorfahren erscheinen, die wir nur vom Hörensagen kennen. Doch wenn wir uns näher mit ihnen beschäftigen, können wir entdecken, daß sie uns in unserem Wesen und Charakter ein «Erbteil» hinterließen, mit dem wir uns kritisch auseinandersetzen sollten. Solche Träume können in uns Ahnungen wecken an unsere Ahnen. Da für das Verständnis der Träume der jeweilige Kontext des Lebens sehr wichtig ist, beziehen sich die ersten Fragen des folgenden Fragenkataloges auf die Wechselbeziehung zwischen Traum und Leben.
Der folgende Fragenkatalog ist so gedacht, daß Sie Ihren aufgeschriebenen Traum wie bei einem Studienfernkurs mit Hilfe der Fragen entschlüsseln. Sie sollten sich dazu in Ihrer Freizeit in ein ruhiges Zimmer zurückziehen und sich in eine gelassene Stimmung versetzen. Wie Ihre Phantasie beim Lesen eines interessanten Buches in Aktion tritt, so sollten Sie Ihre Gedanken und Einfälle beim Umkreisen Ihres Traumes kommen lassen und auf diese Weise Frage um Frage schriftlich beantworten. Der Fragenkatalog ist so konzipiert, daß jede Frage mit einer kurzen Erläuterung versehen wurde. Darauf folgt ein Traumbeispiel aus meiner Praxis oder der Fachliteratur, um die jeweilige Fragestellung zu veranschaulichen. Ein Kommentar liefert weitere Informationen zu dem Traum oder referiert in allgemein verständlicher Sprache wissenschaftliche Erkenntnisse aus der

Traumpsychologie. Da die Fragen 1 und 2 inhaltlich besonders aufeinander bezogen sind, folgt das erste Traumbeispiel mit Kommentar nach der Frage 2.

Traum und Leben

Frage 1: Welcher aktuelle Konflikt und/oder welche seelischen Erlebnisse bewegten mich in den letzten Tagen?

Erläuterung: Im persönlichen Umgang mit Träumen sind vielschichtige Wechselbeziehungen zwischen Traum und Leben zu beobachten. Oftmals träumen wir, was uns zu schaffen macht. Daher sollten Sie sich zunächst die wichtigsten Probleme und Erfahrungen der letzten Tage vergegenwärtigen und aufschreiben.

Frage 2: Welche Erfahrungen der letzten Tage («Tagesreste») spiegeln sich im Traum?

Erläuterung: Nachdem bei Frage 1 die bewußten aktuellen Konflikte aufgeschrieben wurden, spüren wir jetzt die sogenannten «Tagesreste» im Traum auf. Freud vertritt in seiner Traumdeutung die Auffassung, daß die meisten Elemente in den Träumen aus den Erfahrungen der vorhergehenden Tage stammen. Diese Tagesreste werden auch als «Unternehmer» des Traumes bezeichnet. Andere tiefenpsychologische Schulrichtungen erkennen in den Traumbildern, die nicht als Tagesrest verstanden werden, kollektive oder archetypische Symbole, die für das Leben von grundlegender Bedeutung sind.
Traum: Da war eine Anzahl verkrüppelter Männer, zunächst im Rollstuhl; ich sollte mich ihrer annehmen, aber ich wollte nicht; der Gedanke daran war mir zuwider.
Kommentar: Dieser kurze Traum mit der Beschreibung des Aktualkonfliktes wurde von Renée Nell (S. 32f.) mitgeteilt. Bei der Träumerin handelt es sich um die Chefärztin eines Kran-

kenhauses von Mitte Vierzig. Als Internistin hielt sie wenig von Träumen und deutete sich den obigen Traum als «Tagesrest». Sie hatte am Abend zuvor an einem wissenschaftlichen Bericht über männliche Krüppel gearbeitet, wie die Kriegsverletzten in jener Klinik zu aktivieren und zu resozialisieren seien.

Bei dem Nachdenken über weitere persönliche Ereignisse am Vortage fällt der Träumerin ein, daß sie einen für ihre berufliche Zukunft wichtigen Brief aus Brasilien bekommen habe. Das dortige Gesundheitsministerium hatte ihr folgende gute Position angeboten: Lehrtätigkeit an der Universität, interessante Forschungsmöglichkeiten und eine sehr hohe Bezahlung. Nach wochenlangem Zögern hatte sie sich bisher nicht für eine Zusage entschließen können. Der Brief mit der schriftlichen Absage war jedoch noch nicht abgeschickt. Durch Fragen und durch weiteres Nachdenken über die durch den Krieg verkrüppelten Männer kam die Träumerin schließlich auf ihren «Ehekrieg», der für sie mit einer schmerzlichen Scheidung endete. Trotz des nach außen gekehrten selbstsicheren Auftretens und der gesicherten Position als Chefärztin fühlte die Träumerin sich durch die Scheidung dermaßen verletzt und verunsichert, alleine und ohne Mann nach Brasilien zu gehen. Der Traum jedoch, der auf den ersten Blick nur als Tagesrest verstanden wurde, stellte das aktuelle Lebensproblem dar und verhalf durch die Bewußtwerdung zu einer Konfrontation und schließlich zu einer Entscheidung. Dieses Beispiel mag verdeutlichen, daß Tagesreste häufig auch mehrdeutig sein können und den aktuellen Lebenskonflikt mit Hilfe der Bilder und Eindrücke der letzten Tage darstellen.

Frage 3: Welches Lebens- oder Familienproblem klingt im Traum an?

Erläuterung: In zahlreichen Träumen klingen die grundlegenden Probleme unseres Lebens wiederholt an. Vermutlich will uns die Seele auf diese Weise animieren, die Botschaft endlich zu verstehen und nach Lösungen zu suchen. Manche Träume enthüllen uns auch verborgene und unbewußte Familienprobleme und stellen das Familiendrama unserer Herkunftsfamilie dar.

Traum: Ich sehe an der Nordsee, wo ich oft als Kind war, in einer Mulde in der Düne ein Vogelnest. Ein Vogeljunges schaut heraus, streckt seinen Hals in die Höhe und piepst ganz erbärmlich. …

In der nächsten Nacht habe ich wieder von den Gänseküken geträumt. … Ein großes Fuhrwerk kommt heran. Vergeblich versuche ich die Gänseküken in Sicherheit zu bringen. Als das Fuhrwerk näher kommt, wache ich mit entsetzlicher Angst auf.

Kommentar: Zahlreiche Träume enthalten in ihren Bildern wichtige Hinweise auf die Kindheit des Träumers und auf die Probleme seiner Herkunftsfamilie. Ein Beispiel dafür ist der obige Traum aus der Traumserie eines 40jährigen Studienrates, die K. Thomas in: «Träume – selbst verstehen» (S. 153) veröffentlicht hat.

In den über 150 Träumen dieses Patienten ist das Leitmotiv ein Vogeljunges oder Gänseküken, in dem sich die Hilflosigkeit des Träumers in dem Bild eines «Nesthockers» widerspiegelt. Durch die überbesorgte Mutter hatte der Träumer von klein auf eine stark einengende Erziehung erlebt. Als Kleinkind ist er oft in sogenannten «Steckkissen» verpackt worden, so daß er sich hilflos und eingeengt fühlte. Manchmal kriegte er sogar Angst zu ersticken. Diese Grunderfahrung prägte sein Lebensgefühl und kehrt in dem Bild von dem Vogelnest wieder.

Die Bedrohung des Gänsekükens durch das Fuhrwerk erinnert den Träumer an seinen Kompanieführer mit Namen Fuhrmann. Vor dem hatten alle Kameraden schreckliche Angst, weil er sie so geschunden hat. Ferner gibt es eine enge Verbindung zwischen diesem Vorgesetzten und dem Vater. Den Vater erlebte der Träumer ähnlich. Der Vater hat ihn auch oft geschunden und geprügelt, besonders wenn er beim Onanieren geschnappt wurde. Das letzte Traummotiv macht deutlich, daß es dem Träumer schließlich doch gelang, sich zu befreien. Obwohl er viel Federn hat lassen müssen, gelingt ihm nach langer Selbstanalyse die Befreiung aus den Verstrickungen der Lebens- und Familiengeschichte.

Frage 4: Welche zu einseitige Lebenseinstellung wird im Traum kompensiert?

Erläuterung: Die Kompensation ist ein Selbstregulierungsprozeß in der Psyche und dient dem Ausgleich zwischen Bewußtsein und Unbewußtem. So werden beispielsweise zu einseitige Einstellungen und Orientierungen durch Träume ausgeglichen und ergänzt. Normalerweise geschieht die Kompensation im Seelenleben unbemerkt und unbewußt. Eine unheimliche Unsicherheit kann zum Beispiel durch eine unecht wirkende Selbstsicherheit kompensiert werden oder ein Minderwertigkeitsgefühl durch unrealistische Größenphantasien. Wie jede Medaille eine Rückseite hat, so spiegeln viele Träume eine verborgene Seite von uns.

Traum: Der Abteilungsleiter eines Versicherungskonzerns träumte häufig von Bundeskanzler Schmidt oder Oppositionsführer Kohl. Wenn er an der Seite einer dieser Führungsgestalten durch die großen Büroräume schritt, blickten die Angestellten ehrerbietig zu ihm auf.

Kommentar: Unser Träumer litt in der Realität unter Minderwertigkeitsgefühlen. Als Abteilungsleiter konnte er sich nur schwer behaupten. Einige der Sachbearbeiterinnen ließen ihn deutlich spüren, daß sie über wesentlich mehr Fachwissen verfügten als er. Auch einige Kollegen spielten ihm gegenüber ihre Überlegenheit und Autorität aus. Im Unterschied zu dem Traum fühlte sich Herr W. unsicher, wenn er die Büroräume seiner großen Versicherungsabteilung durchschritt. Der Minderwertigkeitskomplex des Träumers wird offensichtlich durch die Gestalt des Bundeskanzlers oder des Oppositionsführers kompensiert. Dies ist jedoch nur eine von vielen Möglichkeiten, wie ein bestimmtes Lebensgefühl im Traum kompensiert wird. Ein anderer Träumer in einer vergleichbaren Position, der bei vorhandener Qualifikation und natürlicher Autorität viel zu bescheiden von sich denkt, könnte durch einen solchen Traum an seine noch unbewußte Fähigkeit zur Führung und/oder Opposition in seinem Kollegium erinnert werden.

Umgang mit Träumen

Die folgenden Fragen bilden einen bestimmten Bezugsrahmen zu einem Traum, um diesen zu deuten. Was während des Schlafes im Traum ohne unser bewußtes Dazutun geschah, vervollständigen wir am Tage durch den bewußten Umgang mit dem Traum. Während der Traum uns ein spontanes Gesamtbild unserer Lebenssituation oder eines speziellen Problems zeigt, arbeiten wir im bewußten Umgang mit demselben einzelne Motive besonders heraus und versuchen die Botschaft zu verstehen. Mit Hilfe der Assoziationen und Amplifikationen (siehe Frage 6) reichern wir den Traum mit weiterem Material an. Wie bei einem Teppich das eingewebte Muster auf der Unterseite zwar in seiner Struktur zu erkennen ist, sein eigentliches Bild aber auf der oberen Seite zu sehen ist, so arbeiten wir mit Hilfe der Einfälle und der Amplifikationen aus dem Grundmuster des Traumes ein umfassenderes Gesamtbild heraus.

Eine weitere Hilfe für die Deutung eines Traumes ist das Umdenken seiner Bilder, die Meditation. Da in unserer Zeit von vielen Menschen die verschiedensten Meditationsformen praktiziert werden, kann hier wohl ein allgemeines Verständnis von Meditation vorausgesetzt werden. Das Umdenken eines Traumes und dessen Meditation wird im Bereich der Tiefenpsychologie als Imagination bezeichnet. Im Unterschied zu den zahlreichen anderen Meditationspraktiken, wie zum Beispiel die Oberstufe des Autogenen Trainings nach I. H. Schultz und das Katathyme Bilderleben nach H. C. Leuner besteht das besondere Charakteristikum der Imagination von Träumen darin, daß hier die eigenen inneren Bilder des Träumers weiter ausgestaltet werden. Die Imagination hat nicht nur eine therapeutische Funktion im speziellen Bereich der Psychotherapie, sondern ist ein uraltes menschliches Wissen in den Religionen und Kulturen aller Zeitepochen. Die genannten Formen des Umgangs mit Träumen wollen dazu anregen, das geheimnisvolle Zwiegespräch der Seele während der Nacht zu einem bewußten Dialog werden zu lassen, um die Botschaft des Traumes zu verstehen.

Frage 5: Welche Einfälle kommen mir zu dem Traum?

Erläuterung: Bei der Sammlung von Einfällen (Assoziationen) sollte man stets von dem vorliegenden Traum ausgehen und sich wieder darauf beziehen. Im Unterschied zur freien Assoziation nach Freud, bei der sich die Gedankeneinfälle nicht auf die Traumsituation zu beziehen brauchen, richtet sich die sogenannte kontrollierte Assoziation in der Traumbearbeitung nach C. G. Jung immer wieder auf den Traum als «Urtext», von dem ausgegangen wird und auf den die Einfälle ausgerichtet bleiben sollten.

Traum: Ich fahre mit meinem Auto in einen großen Fahrstuhl, um auf das Parkdeck eines Kaufhauses geliftet zu werden. Ich halte ein kleines Gerät zur Fernsteuerung in der Hand, mit dem ich die Auf- und Abfahrt selber regulieren kann. Dabei wird mir etwas ängstlich zumute, ob man sich auf die Technik auch wirklich verlassen kann.

Kommentar: Dieser Traum stammt von einem 36jährigen Beamten, der im Umgang mit der Technik geübt ist und positive Erfahrungen damit hat. Andererseits erfüllt ihn die Abhängigkeit vieler Menschen von Computern und Fernsteuerungssystemen mit Sorge. Aus den Assoziationen gebe ich hier in Auswahl die Einfälle wieder, die die Verknüpfung des Traumes mit einer bestimmten Vorstellung oder Erfahrung verdeutlichen. Der Träumer erinnert sich, vor etwa 2 Jahren in einem ähnlichen Lift in einem Kaufhaus gewesen zu sein, um für seine Frau ein Geburtstagsgeschenk zu kaufen. Solche Einkäufe machten ihn immer unsicher, weil er nie recht wußte, ob er etwas Passendes findet, was seiner Frau Freude bereitet. Von Haus aus hatte er keine Erfahrung mit Geschenken, weil das in seiner Herkunftsfamilie nicht Sitte war. Er sei überhaupt schon früh in seinem Leben zur Selbständigkeit erzogen worden und habe sein Leben selber in die Hand genommen. Wegen dieser Selbständigkeit gäbe es in der letzten Zeit häufiger Ehekrach, weil seine Frau wünscht, mehr in sein Erleben einbezogen zu werden. Doch wie er im Traum alleine im Auto sitzt, so fühlt sich der Träumer auch in seiner Partnerbeziehung oft alleine. Das führte in den letzten Monaten zu starken Verstimmungen und Depressionen. Dazu fällt dem Träumer ferner das Auf- und Abfahren im Traum ein. Etwas verschämt äußert der Träumer schließlich noch einen Einfall, den er nach seinen eigenen Worten als etwas «verrückt» empfindet. Das Auf- und Abfahren im Fahrstuhl erinnert ihn spontan an den Intimverkehr mit seiner Frau. Nachdem diese Assoziation ausgesprochen worden war und der Gedanke an diese persönliche Erfahrung vertrauter wurde, konnte auch «das kleine Gerät» im Traum mit der Sexualität in Verbindung gebracht werden. Mit Hilfe dieser und weiterer Einfälle konnten die Ängste im Zusammenhang mit der sexuellen Hingabe artikuliert und bewältigt werden.

Frage 6: Welche Amplifikationen verhelfen zu einem erweiterten Verständnis des Traumes?

Erläuterung: Bei der Amplifikation geht es um die Ergänzung der subjektiven Einfälle durch das Auffinden von Vergleichsmaterial und Analogien aus Märchen und Mythen, aus der Mystik, Kunst und den Religionen. Durch diese Parallelen aus der Symbol- und Geistesgeschichte der Menschheit wird das persönliche Traumbild in einen größeren Zusammenhang gestellt und seine Bedeutung erhellt. Wichtig ist, daß nicht beliebiges Vergleichsmaterial ausgewählt wird, sondern «stimmiges», das dem Träumer ein Evidenzgefühl vermittelt.
Traum: Eine 35jährige Erzieherin hat in den letzten Jahren wiederholt den beängstigenden Traum, daß ihr die Hände abgehackt werden. Mit großen Ängsten muß sie mit gefesselten Händen alleine den Weg zu einem Holzplatz gehen. Eine dunkle Gestalt sagt mit durchdringender Stimme: «Lege deine Hände auf den Holzklotz!» Die Ängste wachsen dann im Traum bis zur Unerträglichkeit, weil befürchet wird, daß jetzt die Hände tatsächlich abgehackt werden. In Angstschweiß gebadet erwacht die Träumerin.
Kommentar: Die Einfälle geben wir hier verkürzt wieder, weil es

vor allem im Zusammenhang mit dieser Frage um das Verständnis der Amplifikation geht. Der Weg zu dem Holzplatz erinnert die Träumerin an die Kindheit und das elterliche Gehöft. Dort habe der Vater und der Großvater auf einem Holzplatz oft Holz gehackt. Zu dem inzwischen verstorbenen Vater wird berichtet, daß er sowohl abgöttisch geliebt wurde (besonders nachdem die Mutter früh verstorben war), als auch wegen seines Jähzornes wie ein «Teufel» gefürchtet wurde. Diese ambivalente Beziehung zum Vater wirkte sich aus in den Beziehungsschwierigkeiten mit Männern, zu denen keine längere Partnerschaft möglich war.
Trotz der Einsicht in die Lebensproblematik blieb dieser Alptraum von den abgehackten Händen ein Rätsel, bis zu dem Zeitpunkt, als ein Kind im Kindergarten nach dem Märchen von dem «Mädchen ohne Hände» fragte. Es hatte in einer Märchenstunde von dieser Geschichte gehört und war davon so beeindruckt, daß es die Erzieherin danach fragte. Als die Träumerin dieses Grimmsche Märchen zur Vorbereitung im Kindergarten las, fiel es ihr wie Schuppen von den Augen. Sie erkannte in dem Schicksal des Mädchens im Märchen ihre eigene bisher unbewußte Bindung an den Vater. Die abgehackten Hände im Traum signalisierten ihr die abgeschnittenen Handlungsmöglichkeiten und die Beziehungsschwierigkeiten. Insbesondere zu Männern fühlte sich die Träumerin bisher «ge-händicapt». Der Sinn dieses Alptraumes wurde mit Hilfe des Märchens deutlich (eine hervorragende tiefenpsychologische Deutung des genannten Märchens gibt E. Drewermann, siehe Literaturverzeichnis).

Frage 7: Wie meditiere und/oder imaginiere ich einen Traum?

Erläuterung: Meditation wird hier als ein besinnliches Umdenken eines Traumbildes verstanden, bis es einen anspricht oder man es besser versteht. Die Imagination ist ein bewußtes und aktives Weiterträumen von unvollendeten Träumen. Von den vielfältigen Anwendungsmöglichkeiten der Imagination seien folgende genannt: Wenn man keinen Berater oder Therapeuten hat, mit dem man bestimmte Affekte, Ängste oder Emotionen besprechen kann, sollte man sich diese in einer Phantasiegeschichte von der Seele schreiben. Auch wer sich wie durch eine Glasscheibe vom Leben isoliert fühlt oder auf bestimmte Probleme bisher keine Lösung fand, kann Lösungsversuche phantasieren und dadurch zu realen Lösungen angeregt werden.

Traum: Ich stehe am offenen Sarg meines Vaters. Ich schaue ihn lange an. Plötzlich öffnet der Vater die Augen und blickt mich freundlich an. Als ich zu sprechen beginnen will, legt der Vater die Finger auf die Lippen. Damit hört der Traum auf.

Kommentar: Es handelt sich bei der Träumerin um eine 34jährige Frau, die unter Beziehungsschwierigkeiten leidet. Besonders die Hemmungen, mit anderen zu sprechen, machen ihr zu schaffen. Sie ist die einzige Tochter eines schweigsamen und gehemmten Vaters. Von Kindheit an hat sie sich gewünscht, daß der Vater sie einmal auf den Arm nehmen oder an die Hand nehmen möge. Als die Träumerin 15 Jahre alt war, verstarb der Vater, so daß es in der Realität nicht mehr möglich war, mit dem Vater zu sprechen und die ersehnte Beziehung zu erleben. Diese Wünsche kehrten in den Träumen wieder. Doch häufig brachen die Träume gerade an der Stelle ab, als das Gespräch mit dem Vater beginnen wollte.

Ich erklärte Frau B. die Technik der Imagination in Form eines phantasierten Dialogs mit dem Vater und empfahl ihr ein aktives und bewußtes Weiterträumen ihres unvollendeten Traumes. Als symbolisches Zeichen für die Anwesenheit des verstorbenen Vaters stellte ich einen Stuhl vor Frau B. hin mit der Erklärung, sie möge sich vorstellen, daß der Vater jetzt vor ihr sitze und ihr zuhöre und sie ihm ihr Herz ausschütten könne. Nach anfänglichem Zögern und einer Bedenkpause sprudelten aus Frau B. mit bewegten Worten die lange unterdrückten Wünsche und Sehnsüchte hervor. Das etwa 15 Minuten währende Zwiegespräch mit dem verstorbenen Vater endete mit Weinen und einem tiefen befreienden Aufatmen. Seit dieser Imagination ist Frau B. der verstorbene Vater bisher nicht wieder in einem Traum erschienen.

Frage 8: Mit welcher Traumgestalt und/oder Traumhandlung kann ich mich am besten – und am wenigsten – identifizieren?

Erläuterung: In der Identifikation versetzen wir uns in bestimmte Personen, Handlungen, Objekte oder Symbole eines Traumes. So wie wir uns bei einem Film oder Roman in die Handlung hineinversetzen, so schlüpfen oder kriechen wir nochmals bewußt und mit wachen Sinnen in unseren Traum. Wir beobachten in diesem Prozeß unsere Empfindungen und Gefühle, wir registrieren unsere Stimmungen und Gedanken dazu. In der Identifikation verkleidet sich ein Subjekt eine Zeitlang mit einem bestimmten Objekt und versucht so zu werden, wie dieses zu sein scheint. So wie die Identifikation der Kinder mit den Eltern, Lehrern und anderen Autoritäten ein wichtiger Entwicklungsabschnitt ist, können wir im späteren Leben durch die Identifikation mit bestimmten Traumgestalten und Symbolen unser Erleben erweitern und an unserer Selbstverwirklichung arbeiten.

Traum: Im Elternhaus liegt in der Sauna eine blonde Frau, die mich anklagend ansieht. Ich sage halblaut: Immer wenn ich jemand brauche, ist niemand da. –

Ich gehe mit meinem Mann spazieren. Dann sind wir in einem Haus, in dem mich eine schwarze Katze anspringt. Das macht mir Angst.

Kommentar: Dieser Traum stammt von einer Frau Anfang Vierzig, die sich mit der blonden Frau in der Sauna gut identifizieren konnte, während ihr die angstmachende schwarze Katze erst durch die Beantwortung und Bearbeitung der Fragen 5 bis 7 zugänglicher wurde. Da die Träumerin blond ist und das Alter der Frau im Traum hat, konnte sie sich gut in deren Lage hineinversetzen. Sie erkannte spontan ihren derzeitigen aktuellen Konflikt in der ersten Traumszene. Sie formuliert im Traum, was ihr bisher noch nicht so klar gewesen ist: «Immer wenn ich jemand brauche, ist niemand da!» Von Kindheit an machte sie die Erfahrung, allein zu sein (wie die blonde Frau in der Sauna). Als sie später einen geschiedenen Mann heiratet, bekommt sie zwar ein neues Zuhause, doch mit ihren Gefühlen und Ängsten, die sie in Gestalt der schwarzen Katze anspringen, fühlt sie sich wiederum alleingelassen. Was die schwarze Katze mit den der Träumerin bisher unbekannten Gefühlen und Empfindungen zu tun habe, entdeckte sie durch die Beachtung der Einfälle und Amplifikation, die ich hier nur auszugsweise wiedergebe. Die Träumerin erinnert sich gern daran, daß sie als junges Mädchen von ihren Verehrern «Muschi» oder «Kätzchen» genannt wurde. Doch manchmal sei sie auch eine wilde oder böse Katze geworden und habe mit ihren emotionalen Ausbrüchen manchen Freund verjagt. Diese Gefühlsseite in ihr, die «Katzennatur», mache ihr in der derzeitigen Ehekrise Angst. Bei der Frage 6 schließlich fiel der Träumerin das Märchen vom gestiefelten Kater ein. Aus dem Handlungsverlauf dieses Märchens schöpfte sie die Hoffnung, daß sie sich mit der im Traum noch angsterregenden Katzennatur zunehmend besser auseinandersetzen könne und ihr das «Katzenhafte», das heißt, ihre bisher unbewußte Gefühlsseite sich von der positiven Seite zeige und ihr helfe, ihren Weg zu finden.

Traum und Orientierungsfunktion

Die folgenden vier Fragen wollen dazu anregen, die Wechselbeziehungen und Wechselwirkungen zwischen der Persönlichkeitsstruktur (Typologie) des Träumers und deren Einfluß auf die Gestaltung der Traumbilder zu beachten. Unter der Typologie im tiefenpsychologischen Sinne verstehen wir hier eine Orientierungsfunktion, der die verschiedenen Wesensmerkmale der Menschen zugeordnet werden können. C. G. Jung hat in der von ihm entworfenen Typologie vier psychische Grundfunktionen herausgearbeitet: das Denken und Fühlen als die zwei rationalen Typen und die Empfindung sowie die Intuition als die stärker irrationalen Orientierungsfunktionen. Die meisten Menschen verfügen in der Regel über eine besonders gut entwickelte Funktion, mit deren Hilfe sie sich im Leben vor allem orientieren. In unserem Kulturbereich und Gesellschaftssystem ist es vor allem das Denken, das durch die Schulen und das Studium besonders gefördert wird. Damit berühren wir sogleich das weitverbreitete Problem der gehemmten und unterdrückten Gefühle. Die jeweils vorherrschende Funktion in der Typologie des einzelnen Träumers läßt sich kurz folgendermaßen charakterisieren:

Der Denktyp spart wie im realen Leben auch in den Träumen seine Emotionen weitgehend aus. Seine Gefühle zeigen sich versteckt in den vielschichtigen Handlungen und Symbolen seiner Träume. Manchmal kommt es bei dem Denktyp auch dazu, daß die Seele in den Nachhilfestunden der Nacht wie mit Donnerschlägen ekstatische Glücksgefühle oder Ängste zum Ausdruck bringt.

Der Fühltyp dagegen erlebt in seinen Träumen die verschiedensten Gefühle und Empfindungen. Im Unterschied zum Denktyp fällt es dem Fühltyp schwer, seine Emotionen und Stimmungen oder Verstimmungen in klare Worte zu fassen.

Der Empfindungstyp nimmt seine Empfindungen differenziert wahr. Besonders die Körperempfindungen können gut lokalisiert werden. Der Empfindungstyp kann mit Hilfe seiner besonderen Wahrnehmungsfähigkeit die Objekte seiner Umwelt gut beschreiben oder Tatsachen differenziert darstellen. Schwierig wird es für den Empfinder, seine Betroffenheit durch bestimmte Traummotive und Symbole in Worte zu kleiden.

Mit Hilfe der Intuition wird ein Gesamteindruck der Erlebnisse und Erfahrungen wahrgenommen. Die Intuition möchte ich mit einem Radarsystem vergleichen. Beiden ist die Funktion eigen, alles, was in Reichweite kommt, zu registrieren. In dieser Gesamtschau einer Situation beobachtet und erfaßt die Intuition das Ganze. Bei allen Vorzügen dieser ganzheitlichen Schau fällt der Intuition die kritische Prüfung und Analyse einer Situation schwer. Dazu sollten die Empfindung und das Denken zu Hilfe kommen. Die verschiedenen Funktionen können und sollen sich gegenseitig ergänzen. Die Empfindung verhilft zur Wahrnehmung der Realität.

Die beschriebenen vier Funktionen sind je nach der Ausprägung der einzelnen Funktion bei dem Träumer an jeder Traumerfahrung beteiligt. Obgleich es für manchen Leser auf den ersten Blick schwierig scheinen mag, sich mit Hilfe dieser Orientierungsfunktionen seine Träume zu deuten, kann sich nach meiner Erfahrung jeder darin üben, seine Gefühle im Traum und im realen Leben wahrzunehmen und sich darüber Gedanken zu machen, sowie seine Empfindungen in Worte zu kleiden.

Frage 9: Welche Gefühle habe ich im Traum?

Erläuterung: Die Affekte und Emotionen im Traum sind ein Ausdruck unseres Gefühls- und Seelenlebens. Unsere zumeist unbewußten Emotionen schwingen in den Bildern und Symbolen der Träume mit. Die darin waltende Psychodynamik ist eine wichtige Triebfeder unseres Lebens. In unseren Gefühlsregungen (z.B. Ängste, Freude, Trauer, Glück, Mißtrauen u.a.) schwingen vitale, seelische und geistige Vorgänge mit.
Traum: Ich bin im Fernsehstudio. Ich warte mit fünf oder sechs Mitwirkenden auf den Beginn der Fernsehaufnahme. Eine Kollegin zieht ihre Reizwäsche an. Zwischen ihr und mir krabbelt ein Baby hin und her. Als ich wieder hinblicke, ist es so klein wie eine Puppe. Dann ist es bei mir in der Größe eines «Däumlings». Er gibt mir das Gefühl, daß unsere Aufnahme gelingen wird und wir Erfolg haben.
Kommentar: Es handelt sich bei dem Träumer um einen Schauspieler von Mitte Dreißig. Zu dem Traum berichtet er zunächst Erlebnisse aus seinem Berufsbereich. In der Zeit vor Beginn einer Fernsehaufnahme erlebe er in den letzten Monaten zunehmend eine gefühlsmäßige Erregung, die er früher nie gekannt habe. Herr K. beurteilt sich selber als «rationalen Typ», der weder Ängste noch besondere Liebesgefühle zu Frauen kenne. Bei den wechselnden sexuellen Beziehungen sei ihm in der letzten Zeit der Mangel an erotischer Faszination für eine Frau zum Problem geworden. Er frage sich, ob er in diesem Bereich etwas «unterentwickelt» sei.

Aus der gesamten Besprechung dieses Traumes wähle ich die beiden Gefühlsanteile aus, die für den Träumer im Vordergrund stehen. Als Herr K. im Traum zusieht, wie die Kollegin, die ihn bisher kalt gelassen habe, ihre durchsichtige Wäsche für die Filmaufnahme anzog, habe er zum erstenmal ein tiefes Gefühl der Zuneigung und der Anziehung empfunden. Der Anblick dieser Frau habe ihn sowohl sexuell erregt als auch erotisch fasziniert. Er habe jetzt erfahren, daß Liebe mehr sei als Sex. Die andere gefühlsmäßige Erfahrung, die Herrn K. anhand dieses Traumes zugänglicher wurde, war das früher unbekannte «Lampenfieber» vor Beginn einer Fernsehaufnahme, das sich in der letzten Zeit zu gewissen Angstgefühlen gesteigert hatte.
Herr K. begriff zunehmend, daß seine Ängste eine Signalfunktion hatten und ihn an seine vergessenen Gefühle erinnern wollten. Der «Däumling», der im Traum das Gefühl vermittelt, daß die Fernsehaufnahme gut gelingen werde, erinnert den Träumer an das Märchen und an seine Kindheit, in der ihn die von der Mutter vorgelesenen Märchen tief berührt hätten. In dieser Märchenzeit seines Lebens waren dem Träumer noch all die Gruselgefühle, die Spannung, wie es ausgehen würde, und die Freude über eine glückliche Lösung erlebbar gewesen. Von diesem emotionalen Grund seines Lebens hatte sich Herr K. während der Schulzeit in einem naturwissenschaftlich orientierten Gymnasium entfremdet. Durch den Beruf als Schauspieler fand er wieder einen Zugang zur Bilderwelt seiner Seele und entdeckte mit Hilfe seiner Träume seine ursprünglichen Gefühle.

Frage 10: Welche Gedanken kommen mir zu dem Traum?

Erläuterung: Die Gedanken, die einem zu dem jeweiligen Traum kommen, bilden einen «roten Faden» zum Begreifen der Emotionen im Traum. Durch die Gedanken und Einfälle zu einem Traum arbeiten wir aktiv und bewußt an dessen Enträtselung. Was uns während des Schlafs im Traum widerfahren ist, verbinden wir mit Hilfe der Gedanken mit unserer bewußten

Erfahrung. Unsere Gedanken und unser Nachdenken über einen Traum bilden einen psychischen Assimilationsprozeß. Mit Hilfe des Denkens verstehen wir die Botschaft des Traumes.
Traum: Ich sitze im Hörsaal der Universität und habe meinen Kopf in beide Hände gestützt. Ich zerbreche mir über ein philosophisches Problem den Kopf. Mein Kopf beginnt zu schmerzen und zu brummen. Mit Herzschmerzen erwache ich.
Kommentar: Dieser Traum stammt von einem Philosophiestudenten, der sich einseitig und übertrieben mit der Denkfunktion orientiert. Er hatte das Ideal eines Verstandesmenschen, der alle Gefühle möglichst ausschaltet. Als hochbegabter Intellektueller hatte er bisher seine philosophischen Studien mit Erfolg absolviert. Doch zunehmend begann er unter unerklärlichen Angstgefühlen zu leiden. Dazu kamen Herzbeschwerden, die nach fachärztlicher Untersuchung als nicht organisch bedingt diagnostiziert wurden. In der Psychotherapie kam der Patient mit Hilfe seiner Träume darauf, daß bei ihm die organische Beziehung zwischen Kopf und Herz gestört ist. Die Herzschmerzen erinnerten den Träumer daran, daß er seine Gefühlsseite nicht vergessen dürfe. Die zu einseitige Orientierung mit der Ratio ist das Grundproblem vieler Denktypen.
Mit diesem Beispiel sollte lediglich die zu einseitige Orientierung mit einer Orientierungsfunktion, hier zum Beispiel das Denken, charakterisiert werden. Wenn das Denken die Alleinherrschaft hat, werden die Gefühle unterdrückt. Andererseits ist das Denken auch an den Träumen in Form des bildhaften Denkens mitbeteiligt. Während uns die Sinneswahrnehmungen die Empfindung für bestimmte Objekte und Erfahrungen vermitteln, können wir mit Hilfe des Denkens genauer ermitteln, was es im einzelnen ist.
Die Funktion des Denkens möchte ich mit dem Faden der Ariadne vergleichen, der Theseus dazu verhalf, den Weg durch das Labyrinth zu finden. Das bildhafte Denken im Traum und das bewußte Nachdenken über einen Traum sind so etwas wie ein durchgängiger roter Faden, um die Botschaft der Bildersprache zu verstehen.

Frage 11: Welche Empfindungen habe ich zu dem Traum?

Erläuterung: Mit der Empfindungsfunktion nehmen wir die Realität um uns und in uns wahr. Besonders unser Körpergefühl schwingt in den Empfindungen mit. Gerade in einer Zeit, in der so viele Menschen unter körperlichen Spannungszuständen und seelisch bedingten Funktionsstörungen des Körpers leiden, sollte man die Signale der Körpersprache beachten. Darüber hinaus ermöglicht uns die Empfindungsfunktion eine größere Sensibilität für die Beziehung mit anderen Menschen.
Traum: Ich stehe unter der Dusche und drehe den Hahn auf, bis endlich tropfenweise Wasser kommt. Da ich geschwitzt habe und mich erfrischen will, soll mehr Wasser kommen. Ich werde aufgeregt und wütend, bis endlich ein voller Wasserstrahl kommt. Zunächst bin ich erschreckt, daß es so kalt ist, doch dann wird das Wasser angenehm warm und rieselt an mir herunter. Ich hätte sehr lange so stehen können, doch durch das starke Husten meiner Frau wurde ich gestört. Etwas verärgert wachte ich auf.
Kommentar: Dieser Traum wurde von einem 42jährigen Akademiker in einer Paarberatung eingebracht. In dem Kapitel über die Träume in der Paarberatung wird dieser Fall mit mehreren Träumen ausführlicher geschildert. Hier seien nur wenige Anmerkungen gemacht, die das Körpergefühl und das Empfinden des Träumers verdeutlichen helfen. Herr K. gehört zu jenen «verkopften» Menschen, die Schwierigkeiten mit der Wahrnehmung ihrer Emotionen haben. Erst nachdem Herr K. wütend wurde, kommt im Traum der angenehme Wasserstrahl in der Dusche. Trefflich formuliert der Träumer seine Erfahrung: «Wenn ich meine Emotionen kommen lasse, kommt auch Wasser!»

Frage 12: Welche Ahnungen vermittelt mir der Traum?

Erläuterung: Unter Ahnung wird hier eine innere Wahrnehmung verstanden, die meistens ohne bewußte Mitarbeit des

Verstandes abläuft. Das Ahnungsvermögen ist weitgehend identisch mit der von C. G. Jung beschriebenen Intuition als einer irrationalen psychologischen Grundfunktion. Mit Hilfe der Intuition vernehmen wir die in den Traumbildern verschlüsselten Informationen. Mit der Intuition erspüren und erahnen wir die angedeuteten Problemlösungen in unseren Träumen.
Traum: Ich träumte, ich sei bei mir zu Hause, in einem behaglichen Wohnzimmer, das im Stil des 18. Jahrhunderts eingerichtet war; offenbar befand ich mich im ersten Stockwerk. Ich wunderte mich, dieses Zimmer noch nie gesehen zu haben, und war neugierig, wie wohl das Erdgeschoß aussehen mochte. Ich ging die Treppe hinunter und kam in einen ziemlich dunklen Raum mit holzgetäfelten Wänden und schweren Möbeln etwa aus dem 16. Jahrhundert oder noch früher. Meine Neugier und mein Erstaunen wuchsen. Ich wollte mehr von dem Haus sehen. Ich stieg also in den Keller hinunter und sah dort eine Tür, durch die man zu einer Steintreppe gelangte, welche in ein großes Gewölbe führte. Der Fußboden war mit großen Steinplatten ausgelegt, und die Wände sahen sehr alt aus. Ich untersuchte den Mörtel und stellte fest, daß er mit Ziegelsteinsplittern durchsetzt war. Offenbar waren die Wände römischen Ursprungs. Ich wurde immer aufgeregter. In einer Ecke entdeckte ich einen Eisenring auf einer Steinplatte. Ich hob die Platte hoch und bemerkte eine weitere schmale Steintreppe, die zu einer Art Höhle führte, scheinbar einem prähistorischen Grab, in welchem zwei Schädel, mehrere Knochen und zerbrochene Tonscherben lagen. Dann erwachte ich.
Kommentar: Dieser Traum stammt von C. G. Jung, in dem er nach seiner persönlichen Deutung eine erste Ahnung von der kollektiven Tiefenschicht der Psyche bekam und der die intuitive Erkenntnis der Archetypenlehre enthält, die er in seinem späteren Lebenswerk wissenschaftlich entfaltete. Zur Zeit des Traumes war Jung Mitte Dreißig und suchte in Abgrenzung zu Freud seinen Weg der Traumanalyse. Jung berichtet in seinem Buch «Erinnerungen» (S. 163 ff.), daß er sich an den Vortagen des Traumes mit den Prämissen der Freudschen Psychologie

auseinandergesetzt habe, und er versteht den Traum als eine vorausschauende Zusammenfassung seiner künftigen geistigen Entwicklung: «Meine intuitive Erkenntnis bestand in der plötzlichen und unerwarteten Einsicht, daß mein Traum mich meinte, mein Leben und meine Welt, meine ganze Realität...» («Der Mensch und seine Symbole», S. 57).
Aus der vielschichtigen Symbolik des Traumes gebe ich nur einige Gedanken Jungs wieder, die dem allgemeinen Verständnis dienen mögen. Das Traumbild von dem Haus mit den verschiedenen Räumen, dem Keller und der Höhle stellt die verschiedenen Dimensionen der Psyche dar. Mit seinem Bewußtsein befindet sich der Träumer zunächst in einem behaglichen Wohnzimmer. Doch die Neugier und der Forscherdrang treiben den Träumer in den Keller und in die Höhle mit den Schädeln, die Jung später mit Hilfe der erforschten Alchemie als Selbst-Symbol begriff. Zusammenfassend sei erwähnt, daß Jung durch diesen Traum dazu angeregt wurde, die Mythologie anderer Völker und die Symbolik der Gnosis und der Alchemie zu studieren und darin Modelle für das Verständnis der Tiefenschichten der Seele zu entdecken.

Traum und Selbstverwirklichung

Die letzten vier Fragen, sich mit Hilfe seiner Gefühle, Gedanken und Empfindungen zu einem Traum einen Orientierungsrahmen zu schaffen, haben bereits Möglichkeiten zur Selbsterkenntnis eröffnet. Die letzten Fragen zielen auf die Selbstverwirklichung. Darunter verstehen wir in der Tiefenpsychologie das Streben und die Bemühungen, seine persönlichen Möglichkeiten zu entfalten. Das Ausschöpfen der persönlichen Gefühls- und Denkmöglichkeiten ist ein fortwährender Lebensprozeß und fordert den Einsatz der ganzen Person.
Die Selbsterkenntnis beginnt in der Regel mit der Einsicht und der Annahme der bisher abgelehnten Eigenschaften, die der Jungsche Begriff des «Schattens» umschreibt. Die unbewußten

und oft unangenehmen Wesensanteile, die bisher ein Schattendasein in uns führten, sollen bei Licht betrachtet und bewußt bearbeitet werden. Die psychologische Selbstregulierung der Seele führt dazu, daß verdrängte unangenehme Gefühle oder eine zu einseitige Lebenseinstellung ausgewogen wird. Die genannte Selbstregulierung schließt ein, daß sich der Einzelne bewußt um Selbsterkenntnis bemühen muß. Das Träumen ist ein kreativer Prozeß in jedem Menschen. Wenn wir im Träumen hinabsteigen in den Brunnen unserer Seele, sehen wir einen schöpferischen Gestaltungsprozeß in uns, den wir mit Goethes Worten im Faust beschreiben als: «Gestaltung, Umgestaltung, des ewgen Sinnes ewge Unterhaltung». So mancher Träumer wundert sich darüber, wie die schöpferische Phantasie im Traum die mitwirkenden Tiere, Bäume oder Personen wandelt. Wie im Märchen kann zum Beispiel aus einem Bären ein Prinz werden. Oder ein Mann in der Lebensmitte sieht im Traum in einem Baum das Angesicht seiner Geliebten und überwindet seine seelischen Hemmungen. Ich konnte bei vielen Träumern (-innen) beobachten, daß sie durch den Umgang mit ihren Träumen und deren Bearbeitung beziehungsfähiger wurden. Den Durchbruch des Schöpferischen im Traum möchte ich beispielhaft an Chagall aufzeigen. Dieser große Künstler unserer Tage erlebte in seiner Petersburger Zeit um 1910 eine «Initialzündung» zur Gestaltung seiner Engelbilder in einem Traum. Chagall berichtet in seinen Lebenserinnerungen: «Es ist dunkel, plötzlich öffnet sich die Zimmerdecke, und ein geflügeltes Wesen steigt mit Getöse herunter und erfüllt das Zimmer mit Bewegungen und Wolken. Ein Rauschen von schwingenden Flügeln. Ich denke: ein Engel. Ich kann die Augen nicht öffnen, es ist zu hell, zu leuchtend. Nachdem es das ganze Zimmer durchschritten hat, erhebt sich das Wesen und verschwindet durch die Spalte in der Decke. Es wird wieder dunkel. Ich erwache. Mein Bild ‹Die Erscheinung› beschwört diesen Traum herauf» (Rosenberg, Chagall träumt Gott). Für den Seher und Maler öffnet sich der Bildersaal der Seele. Das archetypische Bild des Engels erscheint seit diesem großen Traum in den verschiedensten Werken des Meisters. Selbst Tiere und Dinge kann der Maler mit der Symbolik der Engel bekleiden, um das Wehen und Wirken des lebendigen Geistes in allen Dingen anzuzeigen. Dieser Durchblick für die Transparenz der Dinge und für die Engel wurde dem Seher im Traum zuteil.

Auch wenn die meisten Träumer nicht wie die beispielhaft genannten Künstler durch ihre Träume zum Kunstschaffen animiert werden, weil ihnen dazu bestimmte Voraussetzungen fehlen, haben sie teil an «des ewgen Sinnes ewger Unterhaltung.» Die Träume als persönliches «Unterhaltungsprogramm» sollten nicht so verstanden werden, als handle es sich lediglich um eine oberflächliche Unterhaltungssendung wie im Fernsehen. Unser persönliches Unterhaltungsprogramm hat einen tiefen Sinn. Es enthält das verborgene und unbewußte Programm unseres Lebensplanes. Die Träume sind ein schöpferischer Gestaltungsprozeß.

Die Kreativität in den Träumen kompensiert die unzähligen Sachzwänge in unserem Berufs- und Alltagsleben. So notwendig die Automation für den Konkurrenzkampf der Wirtschaft sein mag, so sollte der Mensch doch mehr sein als ein funktionierendes Rädchen im Getriebe eines Großbetriebes. In zahlreichen Gesprächen mit Menschen, die durch die Sachzwänge ihrer Berufe an Leib und/oder Seele krank geworden sind, konnte ich erfahren, wie die Seele in den Träumen eine Kompensation und Ergänzung zu der zu einseitigen Einstellung fand. So träumte beispielsweise ein Computerfachmann eines großen Industriekonzerns, wie er durch Wiesen und Wälder wandert und mit einem Glücksgefühl beim Anschauen von Blumen verweilt. Eine Mathematikerin dagegen sieht sich in ihren Träumen häufig auf einem Pferd durch die Landschaft galoppieren, obwohl sie in Wirklichkeit gar nicht reiten kann. Dieses Motiv löst gelegentlich ein orgiastisches Glücksgefühl aus, und zwar immer dann, wenn die Träumerin sich mit ihrem galoppierenden Pferd ganz eins fühlt.

Als letztes Beispiel für die Selbstverwirklichung mit Hilfe der Träume sei der Traum des Sokrates erwähnt. «Gar oft kam mir in meinem Leben schon früher dieser selbe Traum,» erzählt Sokrates (470–399 v.Chr.) seinem Schüler Kriton im Gefängnis, als er auf seine Hinrichtung wartete, «er wechselte wohl die Gestalt, doch er sagte stets dasselbe: Mache Musik, Sokrates, Musik! – Zuerst deutete ich ihn mir so, daß er mich damit zu meinem eigenen Werk ermunterte.» Die Traumstimme kompensiert offensichtlich die einseitige Haltung des großen griechischen Philosophen. Doch Sokrates, der seinen Zeitgenossen lehrte, daß die «innere Stimme», ein «göttliches Daimonion», dem Menschen sage, was er tun und was er meiden solle, hört nicht die Mahnung: «Mache Musik, Sokrates, Musik!» Wie aus dem überlieferten Text hervorgeht, mißversteht Sokrates den Traum und fühlt sich dadurch zu seinem philosophischen Werk ermuntert. Sokrates gründete seine kritische Philosophie auf die Herrschaft der Vernunft, mit deren Hilfe man sich selbst erkenne. An dem tragischen Ende des Sokrates erkennen wir, daß die innere Stimme des Traumes durch die Vernunft besiegt wird. Seitdem herrscht der Zwiespalt zwischen Vernunft und Traum. Bewußt oder unbewußt werden auch in unserer Zeit noch viele Menschen von der Ansicht beherrscht, daß zwischen Traum und Leben ein unüberbrückbarer Gegensatz herrsche. Der Verfasser dagegen und mit ihm viele Traumpsychologen sind der Überzeugung, daß die lebendigen Symbole in unseren Träumen die Gegensätze überbrücken helfen und in ihrer Bildersprache eine Botschaft vermitteln, die zur Selbstverwirklichung beiträgt.

Frage 13: Wie fördert der Traum meine Selbstverwirklichung?

Erläuterung: Die Traumtätigkeit der Seele steht im Dienste der Selbstverwirklichung und Individuation. Die Psyche als ein sich selber regulierendes System vermittelt in den Träumen wichtige Anregungen zur Selbstverwirklichung. Nicht alleine was das bewußte ICH will ist maßgebend für das Leben, sondern auch die Botschaften des SELBST. Bei der Selbstverwirklichung geht es um die Fähigkeit des Menschen, die bisher unbeachteten

Kräfte, Gaben und Möglichkeiten zu erkennen und im Leben zu verwirklichen.
Traum: Ich bin mit meinen beiden Buben (8 und 9 Jahre alt) auf dem Petersplatz in Rom. Man erwartet den Papst zum Segnen der Volksmenge. Bisher sind nur kleine Gruppen von Leuten an den Rändern des Platzes versammelt. Da kommt ein junger Priester mit dem Fahrrad angefahren. Einige Leute und besonders Kinder gehen zu ihm, um sich segnen zu lassen. Als protestantischer Geistlicher zögere ich, mich von dem katholischen Priester segnen zu lassen. Ich beobachte in meiner Umgebung aufmerksam, wie vor allem die Kinder nach dem Empfang des Segens mit fröhlichen Gesichtern zurückkommen. Das bringt mich auf die Idee, auch meine beiden Buben zu dem Priester zu schicken. Als sie fröhlich und wohlgemut zurückkommen, überwinde ich mich und gehe auch zum Segnen. Der Priester gießt aus einem Gefäß etwas Öl in seine linke Hand, taucht den Zeigefinger der rechten Hand hinein und macht mir das Zeichen des Kreuzes auf die Stirn.
Kommentar: Es handelt sich bei dem Träumer um einen 35jährigen evangelischen Pfarrer, der infolge von familiären und beruflichen Schwierigkeiten gelernt hat, auf die Stimme seiner Träume und die Stimmungen seiner Seele zu hören. Sowohl in seinem beruflichen als in seinem persönlichen Leben hat die Religion eine wichtige Funktion. In der letzten Zeit hat er bei familiären Problemen in einigen «Mischehen» (d.h. wenn ein Partner evangelisch und der andere katholisch ist) seelsorgerliche Gespräche geführt und dabei erfahren, wie die Spaltung der Kirche sich fortsetzen kann in Zwiespalt und Zwistigkeiten in den Familien. Die Anteilnahme an diesen Schwierigkeiten liefern Herrn J. den Stoff für den vorliegenden Traum.
Zu dem Motiv des Salbens und Segnens fiel dem Träumer das Psalmwort ein. «Du salbst mein Haupt mit Öl und schenkst mir voll ein.» Durch diese Herrn J. vertrauten Gesten und Rituale werden seine Kinder im Traum fröhlich und spürt er selber etwas von der erneuernden Kraft des Segens. So wie der Träumer sich schließlich von dem Vertreter des Papstes segnen läßt und

damit trotz der Kirchenspaltung den Dienst des Priesters akzeptiert, so ist es auch für unser ICH wichtig, die Wirkungen des Selbst zur Selbstverwirklichung anzunehmen. Die religiösen Symbole und Rituale sind dabei nur ein spezieller Ausdruck für das Selbst. Bei der großen Vielfalt des seelischen Ausdrucksvermögens können auch Symbole aus anderen Bereichen einem Menschen zur Ganzheit verhelfen. Die Selbstverwirklichung geschieht in Etappen und mit Hilfe vieler Mosaiksteinchen, die unsere Ganzheit abrunden. Die Individuation ist ein lebenslanger Prozeß.
Das SELBST ist nach dem Verständnis der analytischen Psychologie jene psychische Instanz, die das Ich-Bewußtsein maßgeblich beeinflußt und umfängt. Im Unterschied zu den verschiedenen Selbst-Konzepten der Psychoanalyse sieht G. C. Jung im Selbst eine weitgehend unbewußte psychodynamische Größe, deren Relation zum Ich in etwa mit dem Größenverhältnis zwischen einer Erbse und einem Kürbis beschrieben werden könnte. Während das Ich als Zentrum des Bewußtseins bezeichnet werden kann, ist das Selbst das unanschauliche Zentrum der psychischen Totalität. Das Selbst ist ein Grenzbegriff. Es läßt sich wissenschaftlich nicht beweisen, aber ermöglicht eine Deutung von tiefgreifenden seelischen Erfahrungen.

Frage 14: Welches Traumbild ist für mich ein besonderes Symbol?

Erläuterung: Im persönlichen Umgang mit Träumen ist zu erfahren, daß aus dem Bilderstrom das eine oder andere Bild eine besondere Funktion hat, vergleichbar mit einem Brückenpfeiler im Strom. Wie die Pfeiler aus dem Fluß herausragen und die Brücke tragen, so verbinden uns Symbole mit bisher unbekannten Seiten unseres Lebens. Mit Hilfe Ihres Traumes und Ihrer Empfindungen sollten Sie zu beschreiben versuchen, welches Symbol eine Synthese zwischen Ihrem Bewußtsein und dem Unbewußten, zwischen dem Ich und dem Selbst bildet.
Traum: Ich sehe einen ovalen Stein in Lebensgröße, glatt und poliert. Er ist etwa 30 Zentimeter dick und anderthalb,

zweieinhalb oder drei Meter hoch. Das steinerne Standbild ist ein polierter Lapislazuli, auf den eine weiße Figur eingemeißelt oder eingeschnitten ist. Es war wirklich wunderschön. Die Figur sah aus wie die Kameenschnitzerei im Lapislazuli eines Rings, nur in Lebensgröße. Die eingeschnittene Figur sah wie ein archaischer Grieche oder ein Prophet aus dem Altertum aus.
Kommentar. Es handelt sich um den Traum der Dichterin und Künstlerin Irene Rice Pereira, in deren Werk die Träume eine ständige Quelle der Inspiration für ihre künstlerische Arbeit waren. Sie schrieb alle ihre Träume in ein Tagebuch, von dessen Veröffentlichung sich die Traumforscherin Ann Faraday, die auch den obigen Traum veröffentlichte (in: Deine Träume – Schlüssel zur Selbsterkenntnis), weiteren Aufschluß über die kreativen Inspirationen durch Träume erhofft.
Die Träumerin sieht in der wunderschönen Gestalt des Lapislazuli ein Bild, das sie malen soll. In ihrer illustrierten Kunstmappe mit dem Titel «The Lapis» (Corcoran Gallery of Art, Washington 1957) beschreibt I. R. Pereira, wie durch den obigen Traum ihr Leben geändert wurde. Sie erlebte einen kreativen Durchbruch in ihrer künstlerischen Tätigkeit. Dieses Beispiel mag zeigen, wie Traumsymbole anregend wirken können und zugleich einen Auftrag signalisieren, das Geschaute im realen Leben zu gestalten und zu verwirklichen. Die Symbole in den Träumen liefern keine fertigen Patentlösungen, sondern regen die Selbstverwirklichung nach Maßgabe der persönlichen Möglichkeiten an.

Frage 15: Welche Traumbilder und Handlungen verstehe ich noch nicht?

Erläuterung: Manche Träume verlangen von uns die Geduld und Selbstbescheidenheit, nicht sogleich alles zu verstehen. Manchmal fällt uns später eine spontane Lösung ein. Einige Träume geben uns Rätsel auf, ähnlich wie ein unbegreiflicher Schicksalsschlag. Manche Träume mögen uns dunkel bleiben, andere werden vielleicht erhellt, wenn großes Leid über uns kommt und wir uns vielleicht erinnern, es schon im Traum geahnt zu haben.

Traum: Eine ratsuchende Frau von Mitte Fünfzig erzählte mir folgenden Traum, den sie in keinerlei Hinsicht verstehen konnte: Ich habe von einer merkwürdigen Männergestalt geträumt. Zunächst trug er einen dunklen Umhang, den er fallen ließ. Es geschah in der gekonnten Gestik eines Schauspielers. Darunter trug er ein Trikot mit besonderen Streifen. Die Anordnung dieser Streifen schien vom Kopf aus so, daß der Stoff des Trikots jeweils unterbrochen war und ich die Haut der Brust und Arme sehen konnte. Diese textilfreien Körperstellen und auch das Gesicht fingen an zu strahlen. Es war ein milchig blaues Licht. Ich habe weggeguckt, weil es so befremdlich und furchterregend war. Schon im Traum kam mir der Gedanke: Das muß der Teufel sein!

Kommentar: Während die Träumerin den Traum erzählte, war sie von dieser übermenschlichen Gestalt noch erschreckt und geängstigt. Durch die Strahlungen ging mit dem Gesicht eine Veränderung vor sich, die einerseits die Faszination erhöhte und andererseits die Furcht steigerte. Ferner konnte die Träumerin beobachten, daß kein Licht auf die Gestalt fiel, sondern die Lichtquelle in ihr selbst war. Die Träumerin sprach betroffen aus, daß der Teufel nichts in ihren Träumen zu suchen habe. Zu dem Traum konnten keine Assoziationen oder Erinnerungen an Geschichten vom Teufel oder einem Horrorfilm von Frankenstein berichtet werden. Die übermenschliche Ausstrahlung dieser Gestalt war völlig unverständlich.

Nachdem wir eine Zeitlang das Bild schweigend auf uns haben wirken lassen, berichtete ich der Träumerin die folgenden zwei Einfälle als Amplifikation (wurde bei Frage 6 erläutert). Der Schweizer Einsiedler und Schutzheilige Niklaus von Flüe (1417–1487) hatte wiederholt erschreckende Visionen von dunklen Gottesbildern, die von den üblichen Anschauungen abwichen (siehe Literatur von M. L. v. Franz und C. G. Jung über Niklaus von Flüe). So erblickte er einen geheimnisvollen göttlichen Wanderer, der sowohl Züge des germanischen Gottes

Wotan trug, als auch sich andeutungsweise in das Bild Christi wandelte. Das Gewand des Wanderers wird zu einer Bärenhaut, die mit leuchtendem Gold besprengt ist. In einer anderen Vision wird er von einem überirdischen Licht so erschreckt, daß er sein Gesicht abwenden muß und wie betäubt auf die Erde stürzt. Die dunklen Gottesbilder, die uns die Seele vor Augen stellt, tragen häufig auch tierhafte Züge. Das dunkle Gottesbild kann auch im Symbol des Teufels mit seinen Attributen erscheinen. Dazu erinnerte ich die Träumerin an die Versuchung Christi durch den Teufel (Matthäus 4). Als Religionslehrerin ist der Patientin diese Geschichte und andere mit dunklen Gottesbildern aus dem Alten Testament vertraut.
Zum weiteren Verständnis von Gottesbildern, die nach meiner Beobachtung von vielen Träumern nicht verstanden werden, möchte ich auf die sehr instruktive Arbeit von Schellenbaum verweisen.

Frage 16: Welche Botschaft und Empfehlung zur Lebensgestaltung vermittelt mir dieser Traum?

Erläuterung: Durch die schriftliche Beantwortung des bisherigen Fragen haben Sie wichtige Informationen zu Ihrem Traum in Worte gekleidet. Die gesammelten Einfälle, Eindrücke und Empfindungen sollten nicht als allgemeine Information über unser Leben oder Erleben aufgefaßt werden. Durch die meisten Träume zieht sich ein bestimmter «roter Faden», der uns in der Bildersprache eine Botschaft vermittelt. Wie einst Theseus mit Hilfe des Ariadnefadens einen Ausweg aus dem Labyrinth fand, so ist auch zu erwarten und zu hoffen, daß wir wichtige Lösungsvorschläge für unsere Probleme erhalten, wenn wir die Botschaft der Träume verstehen.
Traumbeispiele und Kommentare: Die Botschaft eines Traumes ist individuell und hängt jeweils mit der persönlichen Lebenssituation oder einem bestimmten Problem zusammen. Aus der Vielfalt von Traumbeispielen möchte ich aus einem Paargespräch kurz berichten, wie der Ehemann, der nur gelegentlich zu den

Gesprächen mitkommt, im Traum die Botschaft vernimmt: «Vergiß deine Frau nicht!» Der kurze Traum lautet: Ich bin mit dem Auto ins Geschäft gefahren. Unterwegs fiel mir ein, daß ich vergessen habe, meine Frau mitzunehmen. Im Nachbarort wollte ich von einer Telefonzelle aus bei meiner Frau anrufen, aber die Zelle war besetzt. Als ich es in einer anderen Zelle versuchte, wurde in der Zwischenzeit mein Auto gestohlen. Als ich aufwachte, war ich froh, daß es nur ein Traum war. – Der Träumer, der in den Gesprächen angibt, kein «Gefühlstyp» zu sein, erlebt im Traum Sorge und Angst, seine Frau vergessen zu haben. In diesem Epfinden kommt ein wunder Punkt in der Partnerbeziehung zur Sprache. Die Ehefrau fühlt sich seit Jahren vernachlässigt und verlassen, während der Ehemann ganz in seinem Geschäft und seinem Hobby, der Musik, aufging. Wenn die Ehefrau von ihrem Alleinsein und ihren seelischen Schwierigkeiten sprach, versuchte sich der Ehemann mit Argumenten zu rechtfertigen, daß er doch immer für seine Frau dasei. Der Traum jedoch korrigierte die gute Meinung von sich selber in einer derart überzeugenden Weise, daß der Träumer schließlich die Botschaft: «Vergiß deine Frau nicht!» akzeptieren mußte und auch konnte. Ich habe in meiner langjährigen Arbeit mit Träumen oft miterleben können, daß von den Bildern und Botschaften der Träume eine überzeugende Wirkung ausgeht.

Nicht nur in persönlichen Erfahrungen, sondern auch im wissenschaftlichen Bereich können von bestimmten Träumen neue Gedanken und Anregungen für wissenschaftliche Erkenntnisse ausgehen. Beispielhaft möchte ich abschließend den bekannten Traum des deutschen Chemikers Kekulé erwähnen, der durch den eindrucksvollen Traum von einer Schlange, die sich in den Schwanz beißt (Symbol des Ouroboros, des «Schwanzfressers») zur Entdeckung der Molekularstruktur des Benzols animiert wurde. Kekulé deutete sich den Traum im Zusammenhang mit seiner wissenschaftlichen Untersuchung so, daß die Molekularstruktur des Benzols ein geschlossener Ring sein könne, wie das Traumbild von dem Schwanzfresser. Mit diesem Symbol hatte Kekulé eine Modellvorstellung vor Augen, der er durch seine empirischen Untersuchungen eine wissenschaftliche Basis geben konnte. Mit diesem Beispiel möchte ich Wissenschaftler aus den verschiedensten Wissenschaftsbereichen dazu anregen, ein Traumtagebuch zu führen, mit den vorliegenden Fragen zu experimentieren, um sowohl für persönliche Lebensfragen die Lösungsvorschläge der Träume zu erarbeiten, als auch zu bestimmten wissenschaftlichen Fragen durch die Symbole und Bildersprache der Träume neue Modellvorstellungen zu erhalten (weitere Traumbeispiele in C. G. Jung: Der Mensch und seine Symbole, S. 344 ff.).

Beispiel: Hannas persönliche Traumdeutung

Die folgende Traumdeutung mit Hilfe der erläuterten 16 Fragen zum Umgang mit Träumen stammt von einer Frau in der Lebensmitte. Sie ist verheiratet und hat drei Kinder. In den letzten Jahren versucht Frau H. mit Hilfe des Malens und bildhaften Gestaltens ihre Gefühlswelt zu strukturieren und ihre Probleme zu bearbeiten. Ich lernte Frau H. bei einer Tagung kennen. Ihr Interesse an Träumen motivierte mich zu dem folgenden Experiment, Frau H. meinen Fragebogen mit der Bitte zu übergeben, mit Hilfe der Fragen einen ihr wichtig erscheinenden Traum selber zu bearbeiten und zu deuten. Bevor wir zu dem Traum kommen, möchte ich Frau H. in einer kurzen Selbstdarstellung zu Worte kommen lassen.

«Zu meiner Person und meinem Weg einige Gedanken: eine schwere Lebenskrise – Anfang Dreissig – hat mich nach langjährigen Depressionen, tiefster Verzweiflung und Todessehnsucht dazu geführt, alles auf eine Karte zu setzen, nämlich gesund – heil werden zu wollen, das Leben zu suchen, zu finden und neu zu gestalten.

Wenn es eine heilende Kraft geben sollte, so müßte ich sie entdecken und zwar in der Tiefe meiner selbst.

Meine Kinder, heute 10, 12 und 14 Jahre, waren mir auf diesem Wege oft unbewußte Lehrmeister, indem ich sie bei ihrem Spie-

len und Treiben beobachtete: wie berührt, ausdauernd, kreativ, ursprünglich waren sie in ihrem Tun, machten ihre Erfahrungen, Fehler, drückten sich aus und lebten echt dabei.
Wie konnte ich – nur auf Leistung fixiert und völlig ‹verkopft› – meine Gitter sprengen, meine Spontaneität neu entdecken und zur eigenen Lebensquelle finden?
Es war ein langer, mühsamer Weg nach innen, mit vielen Um- und Irrwegen, wobei mir eine Übung zum liebenden Begleiter wurde, um meine verborgenen Seelenkräfte neu zu beleben und zu aktivieren:
Ich war von Kindern im Vorschulalter fasziniert, wie sie anfingen, mit Farbe und Pinsel oder Kreide umzugehen, sich darzustellen, ihre Welt sichtbar zu machen. Die Wandlungen der Bilder durch die Jahre machten mir Mut, mich auch einfach der Farbe hinzugeben und zu probieren.
Zunächst war der ‹Zensurenteufel› des Zeichenunterrichts meiner Schulzeit noch ein großes Hindernis, mich einzulassen, doch die Freude der malenden Kinder ergriff auch mich und ließ mich Schritt für Schritt eine farbige Welt entdecken, erleben. Zunächst waren es nur Dreiecke, Quadrate, Kreise, Geraden, alles abgegrenzt, säuberlich getrennt. Mit der Zeit wagte ich, ineinander, übereinander zu malen, neue Gestaltungen wuchsen. Ich ließ die Farben übers Papier tanzen, nach denen ich Lust verspürte. Leere Flächen füllten sich mit lebendiger Bewegung, und meine Freude am Malen wuchs – trotz manchem Mißerfolg. Mit anderen Menschen suchte ich Begegnung im Kontaktmalen und spürte, wie das kreative Tun mich zu meinen Empfindungen und Gefühlen führte. Gleich Mosaiksteinen fügten sich die zahlreichen Bilder aneinander und bahnten u. a. den Weg in mein Inneres, zu den Ab-Bildern, Ur-Bildern, Sinn-Bildern.
Ein Traum vor einem Vierteljahr zeigte mir neue Finger, die zu meterlangen Wurzeln wurden, als ob ich durch die malende oder schreibende Bewegung meiner Hände neue Lebenswurzeln entdecken könnte. Mir wurde klar, daß ich nur im Tun mit meinen Händen neue Entdeckungen mache.»

Traum

Ich bin mit meiner Schwester Renate unterwegs in einer mir noch fremden Stadt. Wir laufen durch die Straßen, bis wir von Süden her die Hauptstraße erreichen. Sie verläuft in West-Ost-Richtung und trägt einen Namen, der wie Guerillas klingt. Die Häuser nördlich der Hauptstraße gleichen einem Dorf mit einer Kirche in der Mitte. Die Häuser im Süden der Hauptstraße erinnern an eine Stadt, die an einem Fluß liegt. Die Guerillastraße ist eine scharfe Trennungslinie zwischen dem dörflichen und dem städtischen Teil. Renate und ich pendeln zwischen Norden und Süden hin und her.

In der Straße von Norden nach Süden, die von der Guerillastraße in westöstlicher Richtung gekreuzt wird, steht ein Haus, auf dessen Balkon eine schlanke, hagere Frau steht. Sie winkt und ruft: «Renate, Renate!» Sie hat meine Schwester erkannt und beim Namen gerufen, mich nicht. Die leichten, dünnen Stoffe ihrer Kleidung sind weiß und grau. Die Frau scheint die Herrin des Hauses zu sein. Zu dem Haus gehört ein hübscher Garten mit viel Obstbäumen und einem kleinen Wassertümpel zum Baden. Renate und ich werden im Haus bewirtet. Es sind noch andere Leute da. Ich erkenne M., die etwas von einer Geburt sagt und daß wir immer wieder herkommen sollten. Unter den Gästen ist auch eine Cousine oder Nichte und ein Pfarrer. Er erscheint mir sehr aufgeschlossen und zugänglich.

Ich will nicht mehr am Tisch höflich zwischen den Gästen sitzen bleiben. Ich stehe auf und gehe in die Küche. Es ist eine alte, heimelige Küche mit Kacheln, Pfannen und einem alten Feuerherd. Dort wird für die Gäste eine großer Braten gerichtet. Es ist wie in einem Herrschaftshaus mit Dienstpersonal. Wenn Gäste kommen, wird aufgetischt. Eine junge Köchin sagt, ich solle am Tisch auf das gute Essen warten. Doch mir ist die Entdeckungsreise durch das Haus wichtiger.

Von der Küche führt eine Türe in ein Kellergewölbe mit vielen unterirdischen Gängen. Ein Forscherdrang erfüllt mich. Beim Vorwärtsgehen entdecke ich schwere Türen mit Eisenbeschlägen. Immer wieder schaue ich zurück, damit ich nachher wieder den Weg ins Freie finde. Ich orientiere mich an einigen Markierungssteinen in diesem unterirdischen Kellerlabyrinth.

Frage 1: Welcher aktuelle Konflikt und/oder welche seelischen Erlebnisse bewegten mich in den letzten Tagen?
Ich kämpfe in den letzten Jahren darum, meinen Weg als Ehefrau und Mutter so zu gestalten, daß ich zufriedener und selbstsicherer werde. Wenn ich im Freundeskreis beim Spiel oder Tanz mit einer anderen Frau konkurriere, verletzt es mich, wenn die andere Frau erfolgreicher ist. Diese Situation erlebte ich zwei Tage vor dem Traum, als mein Mann und ich mit einem befreundeten Ehepaar Samba-Canaster spielten. Während mein Mann mit der Ehefrau des Freundes zusammen spielte und sie den Endsieg davontrugen, gewann ich mit Helmut die drei ersten Spiele. Helmut ärgerte sich etwas über unser Verlieren. Ich äußerte dazu: «Wir haben dreimal gesiegt und nur das letzte, ausschlaggebende Spiel verloren, das ist kein Verlust!»

Frage 2: Welche Erfahrungen der letzten Tage («Tagesreste») spiegeln sich im Traum?
Am Tag vor dem Traum habe ich mit meinem Mann eine Freundin besucht, die zur Zeit Patientin in einer Psychosomatischen Klinik ist. Abends gingen wir zum Essen aus. Ich gönnte mir eine Forelle. Während ich früher das Geldausgeben scheute, konnte ich jetzt das gute Essen genießen. Zu Hause in meiner Familie widme ich dem Essenkochen noch nicht genügend Aufmerksamkeit und Liebe. Ich glaube, daß die Küche im Traum auch etwas mit der Fernsehfolge «Silas» zu tun hat, die ich mit meinen Kindern angeschaut habe. Die Geschichte des elternlosen Zirkusjungen hat uns alle beeindruckt. Mit Silas und der dicken Köchin haben wir richtig mitgelebt.
Neben dem Essen und den Pflichten für meine Familie ist mir in den letzten Jahren die Entdeckungsreise nach innen sehr wichtig geworden. Ich meine damit, auf meine innere Stimme und Gefühle zu hören. Durch einige Bücher und Gespräche bin ich auch auf meine Träume aufmerksam geworden. Manchmal er-

füllt mich ein Forscherdrang, die verborgenen Winkel meiner Seele zu erkunden. Ich habe das Empfinden, daß diese Erfahrungen sich besonders in dem letzten Traumteil spiegeln.

Frage 3: Welches Lebens- oder Familienproblem klingt im Traum an?
Im Traum erscheinen wichtige Personen meiner Herkunftsfamilie. Mit meiner 11 Monate älteren Schwester Renate bin ich wie eine Zwillingsschwester aufgewachsen. Bis zu meinem 21. Lebensjahr habe ich mit der Schwester eng zusammengelebt. Ich habe in der Kindheit oft das Gefühl gehabt, daß meine Mutter die Schwester bevorzugt. Sie hat auch im Traum meine Schwester mit Namen gerufen und nicht mich. Erst später in meinem Leben habe ich gemerkt, daß diese Geschwisterrivalität vieles vergiftet hat.
Mein Vater ist im letzten Krieg in Rußland gefallen, als ich dreieinhalb Jahre alt war. Ich habe ihn nur bei den kurzen Urlaubsbesuchen erlebt. Sein Bild ist mir zu einer blassen Erinnerung geworden. An Vaters Stelle trat mein Großvater, der wie mein Vater Pfarrer war. Zu den Großeltern fuhren wir häufig in das Dorf im Schwarzwald. Ich werde bei den anderen Fragen berichten, wie ich mich mit dem Großvater positiv identifizierte, während mir das Wesen der Großmutter und der Charakter der Mutter als kalt und abweisend erschienen.
Die Traumszene mit den verschiedenen Gästen und der Stadtteil südlich der Hauptstraße erinnern mich an das unruhige Leben in unserer Wohnung in der Altstadt von Tübingen während der Kriegs- und Nachkriegszeit. Wir teilten mit der Familie eines Onkels, mit Flüchtlingen und Studenten unser Haus. Es kamen auch viele fremde Leute zu dem Mittagstisch meiner Mutter. Unsere alte Küche war unwirtlich und kalt. Ich hatte keine Ecke und keinen Raum im Hause, wo ich mich geborgen fühlte.

Frage 4: Welche zu einseitige Lebenseinstellung wird im Traum kompensiert?

Ich habe das Gefühl, daß das Traumbild von dem Haus und der Küche mit meiner Sehnsucht nach Geborgenheit etwas zu tun hat. Einen Raum für mich zu haben und noch einen Garten mit Obstbäumen dazu, wäre mir sehr wichtig. Zu dem, was ich aus meiner Lebensgeschichte über unser unruhiges Familienleben in der Kriegs- und Nachkriegszeit erwähnt habe, wird mir verständlich, warum ein Haus für mich wichtig ist, um die Ungeborgenheit zu kompensieren. Für mein Selbstwertgefühl ist es besonders wichtig, daß ich mit meinem Namen angesprochen werde. Es hat mich besonders verletzt, daß die Herrin des Hauses nicht mich erkennt, sondern meine Schwester mit Namen ruft.

Mein Lebensgefühl in der realen Küche unserer Familie wird durch das Leben und Treiben in der Traumküche kompensiert. Besonders der große Braten im Traum scheint eine Kompensation zu sein, da ich in unserer Familie nicht mit solchen Festessen aufwarte. Ich erfülle das Kochen als Pflicht und nicht mit der liebevollen Hingabe wie die Köchin im Traum.

Der aufgeschlossene und zugängliche Pfarrer im Traum kompensiert wohl meine Kritik an unserem Gemeindepfarrer. Obwohl die Kirche im Traum noch mitten im Dorf steht, hat das kirchliche Leben für mich zur Zeit keine zentrale Bedeutung. Meine Kritik an der Kirche ist, daß es dort so steif und unpersönlich zugeht. Vieles von dem, was ich in der Kirche höre, hat keine Verbindung zu meinem Leben. Manchmal wenn ich in der Kirche sitze, überfällt mich der Gedanke, lieber draußen in der Natur spazierenzugehen.

Frage 5: Welche Einfälle kommen mir zu dem Traum?

Zu dem Pfarrer im Traum ist mir gleich der Großvater eingefallen, der Pfarrer in einem Dorf im Schwarzwald war. Ich habe ihn immer so aufgeschlossen und zugänglich wie im Traum erlebt. Ganz anders dagegen habe ich die Großmutter erlebt, an die ich durch die schlanke Frau im Traum erinnert wurde. Großmutter war sehr hübsch und schlank. Sie wirkte auf mich kühl und distanziert. Wenn sie sonntags mit uns in die Kirche

ging, trat sie als vorbildliche Pfarrfrau auf. Sie war perfekt gekleidet, vom Hut bis zu den glänzenden Schuhen. Von einer herzlichen Wärme und Nähe habe ich wenig verspürt. Ähnlich wirkte die Frau auf dem Balkon des Hauses auf mich. Beide Frauen erinnern mich an meine Mutter. Sie stand für mich irgendwie hoch über allem und distanziert zu uns Kindern. Es erschreckt mich, wie der Traum mit der Frau auf dem Balkon die Beziehung zu uns Kindern auf der Straße abbildet.
Die Traumszene wie ich mit meiner Schwester durch die Straßen wandere, erinnert mich an die Kindheit. Obwohl meine Schwester elf Monate älter war, übernahm ich wegen meiner guten Orientierung bei unseren Stadtgängen stets die Führung. Die Anordnung der Straßen und Häuser erinnert mich an meine Heimatstadt Tübingen. Im Zusammenhang mit den anderen Fragen habe ich erwähnt, wie unser Familienleben damals aussah.
Zu der Küche im Traum sind mir andere Träume mit ähnlichen Motiven eingefallen. Mit der Küche und dem Herd will meine Seele wohl meine weiblich-mütterlichen Seiten veranschaulichen. Mir fällt auf, daß meine Traumküchen weder mit der Küche meiner Mutter oder Großmutter noch mit meiner eigenen Küche etwas gemeinsam hat. Manchmal erscheint die Küche in den Träumen uralt und erinnert mich an die «Hexenküchen» im Mittelalter. Vielleicht gehören auch die «Giftküchen» der Alchemisten in diesen Zusammenhang, über die ich etwas gelesen habe. Obwohl die Küche schon ein geheimnisvoller Ort ist, zieht es mich im Traum weiter in den Keller mit den labyrinthartigen Gängen.

Frage 6: Welche Amplifikationen verhelfen zu einem erweiterten Verständnis des Traumes?
Indem ich das Labyrinth bedenke, möchte ich am liebsten eines mit unzähligen Windungen und Hindernissen malen. Als Kinder liebten wir es, die Labyrinthe in den Rätselecken zu entwirren. Ich frage mich, welchen Geheimnissen ich in meinem Traumlabyrinth auf der Spur bin. Weil mich dieses Motiv be-

sonders faszinierte, habe ich mich mit Hilfe einiger Bücher mit dem Mythos von Theseus und Ariadne beschäftigt und mache dazu folgende Zusammenfassung. Der Mythos berichtet, daß die Athener jährlich einen Blutzoll in Form von sieben Männern und sieben Jungfrauen an König Minos von Kreta zu entrichten hatten. Diese wurden dann in ein von dem berühmten Baumeister Daidalos errichteten Labyrinthbau eingesperrt und dem Minotauros, einem Untier, zum Fraße vorgeworfen. Der Minotauros entstand aus einer Verbindung von einem weißen Stier, der ursprünglich Poseidon geopfert werden sollte, und Pasiphae, der Frau des Königs Minos, die sich in diesen Stier verliebte. Sie opferten dann irgendeinen anderen Stier. Poseidon merkte aber den Betrug, und Pasiphae gebar dann ein Kind, das einen menschlichen Körper mit einem Stierkopf hatte. Es wurde Minotauros genannt und, als es größer war, in das eigens für es erbaute Labyrinth eingesperrt.

Es fügte sich, daß eines Tages Theseus, der Sohn des Griechenkönigs, auch geopfert werden sollte. Ariadne, die Tochter des Königs Minos, verliebte sich in Theseus und versprach, ihm zu helfen. Sie reichte ihm ein Wollknäuel, dessen Ende sie an dem Labyrintheingang festband. Theseus ging nun in das Labyrinth hinein und durchwanderte alle Gänge und Kammern, die sich spiralig bis in die Mitte hinein schlängelten. Dort besiegte er den Minotauros und kehrte entlang des Ariadnefadens wieder zurück. Diesen Gang in die Tiefe und wieder zurück feierten sie auf dem Heimweg auf der Insel Delos in Form eines Tanzes, der im Volkstum noch heute getanzt wird.

Es gibt viele Varianten dieser Sage. Alle haben aber ein Gemeinsames, nämlich den Weg in das Labyrinth und die glückliche Wiederkehr. Der Sinn aller Labyrinthmythologien wird primär in der Fähigkeit, sich zu orientieren, gesehen.

Frage 7: Wie meditiere und/oder imaginiere ich einen Traum?
Der Traum endet in dem unterirdischen Kellerlabyrinth, und ich möchte im folgenden Abschnitt eine Meditation über einen Gang durchs Labyrinth beschreiben:

Ich mache mich auf, neue Erfahrungen, neue Entdeckungen in meinem inneren Labyrinth zu machen:
Ich habe mich wärmer angezogen, trage Gummistiefel und einen Regenmantel, dazu einen Pickel und eine Laterne, unentbehrliche Werkzeuge auf meinem Weg nach innen, ins Innere. Mit meiner Laterne suche ich im Finstern meinen Pfad, leuchte die Umgebung ab, blicke um mich, unter mich, über mich, um vieles wahrzunehmen: einen Spalt, eine Türe, einen Einbruch und einen Durchbruch.
Mit dem Pickel kann ich klopfen, hämmern, untersuchen, mich eventuell auch wehren, schützen, wenn ich in Gefahr bin.
Von den nassen Mauersteinen tropft Wasser herab und macht den Weg schlüpfrig. Vorsichtig taste ich weiter, rieche den Modergeruch. Es wird mir leicht übel. Der Weg verengt sich. Ich muß mich bücken und zwänge mich längere Zeit durch einen Engpaß, halb kriechend, halb liegend, eine beschwerliche Arbeit. Aber es lohnt sich! Nach dieser ersten Anstrengung erreiche ich eine weite Halle in einem verlassenen Turm. Neugierig schaue ich um mich und meine, in einem griechischen Amphitheater zu stehen. Einige Meter über mir sind Ränge, wo viele Menschen sitzen, aber sie scheinen völlig versteinert zu sein. Sind sie verzaubert, oder schlafen sie wie im Dornröschenschlaf? Plötzlich tritt ein junger Mann aus einer alten Eisentüre, die sich schwer öffnet. Er scheint sich zuerst an das fahle Licht in dem Rund des Theaters gewöhnen zu müssen. Seine Aufregung ist ihm auf dem Gesicht abzulesen. Er langt sich an den Kopf und ruft mit lauter Stimme: «Ich habe meine Zeit des Theaterauftritts verschlafen! Wie konnte ich so lange im Turmverlies träumen und im Dunkeln bleiben!»
Beruhigend lege ich ihm meine Hand auf die Schulter und meine, die Zeit sei erst jetzt gekommen, auf die Lebensbühne zu treten, die Geschichte unserer Vorfahren darzustellen und die Wurzeln in anderen Kulturen zu entdecken.
Während ich ihn liebevoll berühre, scheinen die Zuschauer auf den Rängen erwacht zu sein, beginnen sich zu räkeln, und eine Bewegung geht durch den ganzen Hallenraum. Ich zittere vor

Glück, denn mir geht plötzlich auf, daß ich vor einer großen Fundgrube stehe: Schätze vergangener Jahrhunderte gilt es neu zu entdecken, wahrzunehmen, zu erkennen, mir zu eigen zu machen. Beglückt halte ich inne, empfinde tiefe Dankbarkeit. Ich gehe mit meiner Laterne zurück zum Ausgang des Labyrinthes.
Es fällt mir schwer, mich ans Tageslicht zu gewöhnen, deshalb raste ich nochmals am Eingang zu meiner unerschöpflichen Fundgrube, sortiere die vielfältigen Erlebnisse und schreibe nieder, was mir begegnet ist.

Frage 8: Mit welcher Traumgestalt und/oder Traumhandlung kann ich mich am besten – und am wenigsten identifizieren?
Besonders gut kann ich mich mit dem Pfarrer im Traum identifizieren. Obgleich ich ihn bei den anderen Fragen mit meinem Großvater und Vater im Zusammenhang gesehen habe, fällt mir bei der genauen Betrachtung der Traumgestalt folgendes auf. Es ist eine mittelgroße, schlanke Gestalt. Er trägt einen «Schwalbenschwanz» und schwarze Hosen. Mein Traumpfarrer könnte Gelehrter und Schauspieler in einer Person sein. Er karikiert sich und seine Amtskollegen. Sein Witz, sein Humor und seine Streiche à la Wilhelm Busch sprechen mich an. Das Lachen ist für ihn eine wunderbare Medizin. Ich fühle mich ihm freundschaftlich zugetan.
Mit der jungen Köchin im Traum möchte ich gerne mehr Umgang haben. Ich könnte von ihr sicher lernen, einen guten Braten zu bereiten und den Gästen festlich aufzutischen. Mir fällt bei dem Bedenken des Traumes auf, daß ich mich mit dem Pfarrer besser identifizieren kann als mit den Frauen im Traum. Das hängt wohl damit zusammen, daß mir meine geistigen und kreativen Interessen in den letzten Jahren wichtiger geworden sind als die hausfraulichen und mütterlichen Aufgaben. Vielleicht haben mir auch auf meinem Lebensweg Frauen gefehlt, mit denen ich mich positiv identifizieren konnte. Wenn ich bei der nächsten Frage meine Gefühle beschreibe, wird das Angedeutete deutlich werden.

Frage 9: Welche Gefühle habe ich im Traum?
Im Traum und nach dem Aufwachen fühle ich bei dem Gedanken an die Guerillastraße Schmerz und Trauer. Diese Gefühle drücken mich nieder und lähmen mich. Ähnlich ergeht es mir beim Lesen von Solschenizyns «Archipel Gulag». Ich glaube, daß ich als «Kriegskind» nicht nur durch den Tod meines Vaters in Rußland, sondern auch durch die persönlich miterlebten Kriegswirren für alle Zeit eine seelische Verwundung davongetragen habe. Wenn durch entsprechende Bilder und Erinnerungen dieser wunde Punkt in mir angerührt wird, erlebe ich einen stechenden Schmerz und eine lähmende Trauer.
Eine starke Wut läßt mein Herz intensiver schlagen, als ich die Frau auf dem Balkon den Namen meiner Schwester «Renate, Renate!» rufen höre. Ich werde nicht mit Namen genannt. Ich werde, wie früher üblich, übersehen. Renate ist eben die Erstgeburt, und ich fühle mich als Ausgeburt. In dieser Wut wird mir die Rivalität mit meiner Schwester spürbar. Weil ich schon früh in meinem Leben um meine Anerkennung und Rechte habe kämpfen müssen, sind die «Freiheitskämpfer» (Guerillas) wohl zugleich ein zutreffendes Bild für die widerstreitenden Emotionen in mir.
Die einzig positiven Gefühle im Traum habe ich zu dem Pfarrer. Bei den anderen Fragen erwähne ich, was der Großvater für mich bedeutete. Zu ihm hatte ich eine starke Zuneigung und liebevolle Gefühle. Er ersetzte mir Vater und Mutter. Manchmal habe ich das Gefühl, daß er den Forscherdrang und das Interesse für geistige und symbolische Fragen in mir geweckt hat.

Frage 10: Welche Gedanken kommen mir zu dem Traum?
Zu dem Traum ist mir der Gedanke gekommen, daß die Traumbilder verschiedene Etappen meines Lebens darstellen. Das Bild der Stadt mit dem Fluß erinnert mich an meine Heimatstadt Tübingen. Das Dorf mit der Kirche weist auf die kleine Kirchengemeinde meines Großvaters im Schwarzwald hin. Zwischen der Stadt und dem Dorf sind meine Schwester Renate und ich häufig hin und her gependelt.

Die Guerillastraße, die die beiden Bereiche trennt, erinnert mich an die Kriegswirren und an den Heereszug vieler Soldaten, darunter auch mein Vater, von der Westfront in Frankreich und Belgien an die Ostfront in Rußland, wo er gefallen ist. Die Guerillastraße von Westen nach Osten ist für mich die Straße des Wahnsinns, auf der Hitler das deutsche Volk verführt hat. Wenn ich zum Beispiel Solschenizyns Buch «Archipel Gulag» lese, rühren die beschriebenen Grausamkeiten mich so stark an, daß ich in Gedanken die Guerillastraße mit meinem Vater mitwandere und an der tödlichen Verwundung Anteil nehme.

Frage 11: Welche Empfindungen habe ich zu dem Traum?
Ich habe an anderer Stelle erzählt, daß ich für die Naturvorgänge ein gutes Empfinden habe. Dazu gehört auch die Orientierung nach den Himmelsrichtungen. Osten ist dabei für mich nicht nur mit den Schrecken des Krieges verbunden, sondern auch mit der aufgehenden Sonne. Das Licht kommt aus dem Osten. Aus meiner Kindheit ist mir über den Zusammenhang der Sonne mit den Himmelsrichtungen der Reim in Erinnerung geblieben:

Im Osten geht die Sonne auf,
im Süden ist ihr Mittagslauf,
im Westen will sie untergehn,
im Norden ist sie nie zu sehn.

Mein Großvater hat mir erzählt, daß seine Dorfkirche auch in Ost-West-Achse gebaut wurde. Die Altäre in den romanischen und gotischen Kirchen sind nach Osten gerichtet, so daß der amtierende Priester und die betende Gemeinde dem aufgehenden Licht entgegenblicken.
Neben meiner guten Orientierung in einer fremden Stadt oder in der Natur wächst auch mein Empfinden für die persönlichen Bedürfnisse und Wünsche. Wie der Traum zeigt, bleibe ich nicht mehr aus Höflichkeit zwischen den Leuten am Tisch sitzen. In meiner Kindheit war das jedoch ein wirksames Erziehungsprinzip, sich den Wünschen der Leute anzupassen. Inzwischen ist mir die Entdeckungsreise zu meiner Selbstverwirkli-

chung wichtiger geworden als das Essen und die Meinung der Leute. Mit Hilfe meiner Empfindung finde ich mich zurecht und orientiere mich dabei, wie im Traum an einigen Markierungssteinen in dem unterirdischen Kellerlabyrinth.

Frage 12: Welche Ahnungen vermittelt mir der Traum?
Ich ahne, daß ich in meiner Seele und in meinen Träumen eine besondere Fundgrube entdeckt habe. Das Beachten der Phantasien und inneren Bilder ist mir wichtig geworden. Bei der Meditation und Imagination zu Frage 7 habe ich dazu eine Bildergeschichte mit dem Gang durchs Labyrinth aufgeschrieben. Ich ahne und begreife, daß in den auftauchenden Personen und Handlungen Bilder erscheinen, die meine Entwicklung anregen und fördern.
Für mich als Lehrerin ist es wichtig, bestimmte Worte auch im Zusammenhang des jeweiligen Wortfeldes zu beachten. Von den Ahnungen stellte ich eine Verbindung zu den Ahnen her. Mir dämmerte der Gedanke, daß ich meine rege Phantasie und mein bildhaftes Denken von meinen Ahnen geerbt haben könnte. Diese Annahme möchte ich durch Erinnerungen an meinen Großvater verdeutlichen. Im Traumhaus weilt er unter den Gästen in Gestalt des Pfarrers. Der Großvater war für mich ein gütiger alter Pfarrer mit Bart und weiß gekräuselten Haaren. Seine großen blauen Augen strahlen Liebe und Kindlichkeit aus. Er bewegt sich schwerfällig fort, wie wenn er am Boden haften würde. Oft sehe ich ihn in meiner Erinnerung am Schreibtisch sitzen, in Bücher und Schriften vertieft. Er hat seine prophetischen Gedanken über Rom, Babel und Jerusalem niedergeschrieben und uns Kindern davon erzählt. Gerne habe ich mich in das Amtszimmer des Großvaters geschlichen und still Anteil genommen an seiner geistigen Welt. Heute glaube ich, daß ich durch ihn nach manchen Irrwegen meines Lebens den Zugang zur spirituellen Welt gefunden habe.

Frage 13: Wie fördert der Traum meine Selbstverwirklichung?
Meine Selbstverwirklichung kann ich derzeit am ehesten mit

dem Bild des Weges beschreiben. Im Traum ist es der Weg durch die Straßen der Stadt, der Weg durch das Haus in die Küche und den Keller. Das Bild des Weges hat meine schöpferische Phantasie stark beschäftigt.

Wenn ich über das Symbol des Weges nachdenke, stelle ich mir einige Wegstrecken vor, die ich gegangen bin:

Der entspannende Weg an einem Bach entlang
Der einladende Weg durch einen bunten Herbstwald
Der mühsame Weg bei einer Bergtour
Der gefährliche Weg an einem Abgrund entlang
Der sich schlängelnde Weg hinauf zu einer Kapelle
Der dunkle Weg in eine Höhle
Der vereiste Weg nach einer kalten Winternacht
Der vertraute Weg nach Hause
Der hoffnungsvolle Weg eines Neugeborenen
Der angsterregende Weg in eine Prüfungssituation
Der Geduld fordernde Weg am Krankenbett
Der verschlüsselte Weg in der Traumsprache

Ich spüre die Beschaffenheit des Weges nach:
weich
federnd
schlammig
naß
rutschig
ausgetrocknet
rissig
steinig
betoniert
abgesichert
gebahnt

Ich stelle mir meinen Lebensweg vor:
der zurückliegende
der augenblickliche
der zukünftige

In allen beschriebenen Wegen finde ich mich wieder, finde noch weitere und erfahre, daß es auf meinem Weg

Weg-abzweigungen
Weg-kreuzungen
Weg-veränderungen
Weg-richtungen
Weg-pausen

gibt; daß ich mich auf den Weg mache,
indem ich die Jahreszeiten bewußt miterlebe,
mich einlasse auf ihre Naturerscheinung,
auf ihren Rhythmus;
daß ich auf dem Weg bin, unterwegs,
wenn ich die verschiedenen Phasen meines
Lebens durchlebe.
Mein Leben gleicht einem Weg in vielfältiger Gestalt.

Frage 14: Welches Traumbild ist für mich ein besonderes Symbol?
Die Himmelsrichtungen im Traum und das Labyrinth sind für mich die beiden wichtigsten Symbole. Ich glaube, daß ich mein gutes Orientierungsvermögen nach den Himmelsrichtungen in dem besonders anschaulichen Heimatkundeunterricht in der Grundschule erworben habe. Wir erwanderten unsere Umgebung und wurden dabei von dem Lehrer auf die verschiedensten Kreuzformen im Gebälk der Fachwerkhäuser und auf einige mit mehrfarbigen Ziegeln gedeckte Häuser aufmerksam gemacht. Später habe ich das Fadenkreuz in meinem Zeichenblock und anderen Heften unzählige Male mit Malstiften phantasievoll ausgestaltet. Auch in den von mir handbemalten Tellern kehrt dieses Muster in vielen Variationen wieder. Die Kreuzform ist für mich nicht nur ein Symbol auf dem Papier, sondern begleitet mich auch im Leben. Ich habe bei den anderen Fragen beschrieben, wie bei der Sitzordnung von Personen ich dieses Sinnbild empfinde und wie mich die Himmelsrichtungen im Traum an wichtige Reisen meiner Kindheit erinnern. Auch die Versetzung meines Vaters im Krieg von der Westfront in den

Osten mit dem tragischen Ausgang bringe ich mit dem Fadenkreuz in Verbindung.
Manchmal empfinde ich meinen Lebensweg in die verschiedenen Himmelsrichtungen aber auch wie den verworrenen Weg durch ein Labyrinth. Durch das Traumbild mit den Kellergängen bin ich daran erinnert worden, daß wir als Kinder uns zum Spielen gerne ein Labyrinth auf die Straße malten oder in Labyrinthzeichnungen in Zeitschriften den Weg durch einen Irrgarten verfolgten. Durch meinen Traum wurde ich dazu angeregt, mich mehr mit dem Labyrinth zu beschäftigen.

Frage 15: Welche Traumbilder und Handlungen verstehe ich noch nicht?
Ich verstehe noch nicht, was die Guerillastraße als Trennungslinie zwischen dem dörflichen und dem städtischen Stadtteil für mein gegenwärtiges Leben bedeuten soll. Ich bin mir nicht bewußt, daß ich Trennungslinien zwischen verschiedenen Lebensbereichen ziehe. Mir ist das erste Traumbild nur verständlich als Spiegelung meiner lebensgeschichtlichen Vergangenheit. Mir ist nicht klar, ob ich zu meiner Schwester Renate eine Trennungslinie gezogen habe oder mich zu ihr in einem unbewußten «Guerillakrieg» befinde und versteckte Aggressionen zu ihr hege. Auch was Frau M. von der Geburt und dem wiederholten Herkommen sagt, ist mir noch unverständlich. Ich habe keinen Anlaß, Frau M. zu besuchen. Die Frage nach einer Schwangerschaft und Geburt ist für mich in keiner Weise aktuell.

Frage 16: Welche Botschaft und Empfehlung zur Lebensgestaltung vermittelt mir dieser Traum?
Ich entnehme meinem Traum die Botschaft, daß ich das Essen bewußter und genußvoller in mein Leben einbeziehen sollte. Das Traumbild von der Küche und dem großen Braten erinnert mich daran. Doch ich möchte mein Leben nicht allein in der Küche, mit den Kindern oder im Bereich der Kirche zubringen, sondern mehr Zeit und Raum für mich persönlich haben.
Ich will mir täglich Zeit für mich alleine nehmen, zur Stille, zur

Meditation, zur Besinnung, zum Beispiel beim Gang durch die Natur,

indem ich Bäume betrachte und zu mir sprechen
lasse, Windbewegungen beobachte an Gräsern,
Blumen, über meiner Haut, Vögeltöne in meinem
Ohr schwingen lasse

oder indem ich mich an einen einsamen Ort zurückziehe, um mich der inneren Bewegung hinzugeben, die aufsteigenden Gedanken, Gefühle, Empfindungen und Bilder zu empfangen, eventuell im Tagebuch zu gestalten oder im farbigen Darstellen von Linien, Kreisen, Mustern, Phantasiegebilden.

Die Entdeckungsreise durch mein persönliches inneres Lebenshaus ist mir wichtig geworden. Zu diesem Weg nach innen werde ich durch die letzte Traumszene aufgerufen. Wie dort der Weg von der Küche in den Keller führt, so will ich in mir entdecken, wer ich bin. Mein Forscherdrang treibt mich zur Selbsterkenntnis. Ich suche einen Ausgang aus dem Wirrwarr und Labyrinth meines Lebens. Ich bin zuversichtlich, daß meine Seele weiterhin in den Phantasien und Träumen einen roten Faden webt, durch den ich den Ausgang wiederfinde.

Beratungsarbeit mit Träumen

Träume werden ausgespart

In fast allen Konzepten der Beratung werden Träume ausgespart. Eine besonders zu erwähnende Ausnahme bildet das Buch von Renée Nell: Traumdeutung in der Ehepaar-Therapie. Darin werden anhand von zahlreichen Fallbeispielen die verschiedenen Möglichkeiten zur Arbeit mit Träumen in der Beratung dargestellt. Auch ich habe in meiner analytischen Praxis und in unzähligen Beratungsgesprächen erfahren, wie Träume mit ihren Sinnbildern und Symbolen hilfreiche Informationen liefern. Die Träume zeigen nicht selten Lösungsmöglichkeiten auf, an die man bisher noch nicht gedacht hat.
Viele Berater(-innen) und Psychologen jedoch denken nicht daran, mit Träumen als Ratgeber zu arbeiten. Das erfuhr ich beispielsweise auf einer Bundeskonferenz von Beratern. In einer Gruppe von 10 Mitarbeitern (4 Männer, 6 Frauen) aus verschiedenen Lebens-, Ehe- und Erziehungsberatungsstellen der Bundesrepublik wurde die Frage und Aufgabe gestellt: Was fällt Ihnen zur Beratung ein? Aus einer Vielzahl der spontanen Äußerungen nenne ich: Begleitung, Sympathie, Selbsthilfe, Annahme, erleben, konfrontieren, orientieren, weinen, Widerstand, auf glühenden Kohlen sitzen und zahlreiche weitere Einfälle. Die Träume jedoch fielen keinem ein. Diese Erfahrung ist für mich nicht zufällig, sondern symptomatisch dafür, daß Träume in der Beratung ausgespart werden. Eine ähnliche Erfahrung habe ich in zahlreichen Supervisionen mit Fallbesprechungen gesammelt. Wenn Ratsuchende spontan einen für sie wichtigen Traum erzählten, gingen diese Berater nicht darauf ein. Oft habe ich die Meinung gehört, daß Träume nur von Psychiatern

und Psychotherapeuten gedeutet werden dürfen. Bei anderen Beratern fand ich den Widerstand, mit Träumen zu arbeiten, darin begründet, daß sie selber Vorurteile oder Schwierigkeiten haben, die eigenen Träume zu verstehen. Ich vertrete die Auffassung, daß möglichst viele Berater und Psychologen befähigt werden müßten, Träume als Ratgeber zu sehen. Ähnlich wie ein Berater mit den Ratsuchenden Lösungen ausphantasiert oder Konfliktstrategien entwickelt, so sollte man auch die Ratschläge des Traumes verstehen lernen. Wer sich als Berater auf Träume einläßt, dem ergeht es vermutlich ähnlich wie jener Psychologin, deren Erfahrung und Reflexion ich hier wiedergebe.

«Vor einiger Zeit machte ich im Kollegenkreis eine fast beiläufige Bemerkung, daß ich mich für Träume interessieren würde. Ein Mitarbeiter meinte daraufhin, ich sollte mir meinen klaren Verstand doch nicht durch ‹so etwas› vernebeln lassen. Ich fühlte mich wie ein kleines Mädchen, dem ein schon wissenderes Kind vorwirft, daß es ja noch an den Klapperstorch glaube.

Die meisten von uns haben Angst vor Träumen. Die Beschäftigung damit ruft gleich eine ganze Reihe von intellektuellen Distanzierungen hervor. Erlaubt ist gerade noch der physiologische Aspekt, das was qualifizierbar ist, was objektiviert werden kann, wie zum Beispiel Traumdauer oder die Veränderung der Hirnstromaktivität durch den Traum. Toleriert wird natürlich auch, daß Träume ihren Platz in einer Analyse haben. Der Mangel an Rationalität, der den Träumen anhaftet, wird dort ausgeglichen durch Tradition und die seriöse Autorität der psychoanalytischen Gesellschaft. Mit diesen im Hintergrund gewinnt der Traum etwas von Wissenschaftlichkeit. Außerhalb der Ehrwürdigkeit solcher Institutionen gerät die Beschäftigung mit Träumen in die Nähe von Okkultismus und Aberglauben. Man wird identifizert mit allen Voreingenommenheiten, die ja gerade da blühen, wo die Angst am größten ist.

Ich habe Psychologie studiert wie viele Studenten, um etwas über die Seele des Menschen zu lernen, und habe während meines Studiums beigebracht bekommen, daß das Innere des Men-

schen nichts mit Psychologie zu tun habe. Eine Wissenschaft wird von ihren Methoden her beurteilt, nicht von ihrem Gegenstand. In einer so rationalen Welt wie der heutigen stehen natürlich Naturwissenschaften höher im Kurs als Geisteswissenschaften. Also hat die Psychologie die Methoden der Naturwissenschaften übernommen und ihren Gegenstand diesen angepaßt. Das wichtigste Kriterium hierbei ist das der Meßbarkeit. Deshalb beschäftigt sich die Psychologie nur mit dem Meß- und Zählbaren und untersucht mit stetig verfeinerten Methoden immer irrelevantere Gegenstände. Sie hofft dabei aber, daß der Bereich des Meßbaren größer wird und hält sich an den Ausspruch Galileis ‹Messe was meßbar ist, und was nicht meßbar ist, mache meßbar.›
Wie weit ist es von einer solchen Auffassung von Psychologie bis hin zum Einbeziehen von Träumen. Ist es da verwunderlich, wenn die Welt der Träume intellektuelle Aversionen hervorruft? Wer möchte heute schon als irrational gelten, wo sich alles vor der Vernunft verbeugt. Wie kann ich zugeben, mich von etwas, was nicht den Gesetzen der Ratio folgt, beeinflussen, ja vielleicht sogar beraten zu lassen? Wie überwinde ich die Angst, mich vor mir selber und vor anderen lächerlich zu machen? Eine Brücke könnte die eigene Erfahrung sein. Aber da müßte ich ja persönlich werden, über eigene Erlebnisse reden und mich dem Risiko des Nichtverstandenwerdens aussetzen, weil man bestimmte Erfahrungen nicht mitteilen kann. Die Alltagssprache und die Wissenschaftssprache reichen nicht aus, sich über die innere Welt des Menschen verständlich zu machen. Jede eigene Erfahrung ist aber mehr als die Mitteilung der Erkenntnisse von anderen. Aber genau davor scheue ich mich. Lieber verleugne ich alles Emotionale, spare ganz wichtige Bereiche in meinem Leben aus und verschließe alles Vorwissenschaftliche, Irrationale, das meine Subjektivität berühren könnte.
Zum Glück kümmern sich Träume nicht um so kleinmütige Ängste und Bedenken und öffnen ab und zu trotzdem diese geheimnisvoll gehütete Tür.»

Träume und Übertragung

In der bereits genannten Schrift von Renée Nell nennt diese Autorin folgende Möglichkeiten für die Arbeit mit Träumen in der Beratung (S. 8):

1. Träume zeigen von der ersten Begegnung an die Zusammenhänge zwischen den sichtbaren, manifesten Verhaltungsweisen und den tieferliegenden, unbewußten Motiven und Konflikten.
2. Träume erhellen die innerpersönlichen Konflikte, die als zwischenpersönliche Spannungen und Projektionen häufig zu Zwistigkeiten führen.
3. Träume konfrontieren jeden der Ehepartner mit seinen grundlegenden Charaktereigenschaften und mit den tieferwurzelnden Ursachen seiner Problematik, einschließlich sexueller Schwierigkeiten.
4. Träume geben Einblick in die Übertragungssituation, erleichtern damit die Diskussion der Charaktereigenschaften und der sexuellen Problematik.

Neben diesen Verwendungsmöglichkeiten von Träumen in der Beratung führt die Autorin noch aus, daß sie in der Eingangsphase der Beratung die Träume außer zu diagnostischen Zwekken auch zur Prognose anschaut. In der Hauptphase der Beratung spiegeln die Träume die Übertragungsbeziehung zwischen Ratsuchendem und Berater. Vor allem aber dienen Träume als überzeugende Ratgeber. Besonders entscheidend ist für R. Nell, daß der Traum das zentrale Problem spontan an die Oberfläche bringt; damit erweist er sich als ein zeitsparendes Heilmittel in der Eheberatung (S. 9).

Wer als erfahrener Berater erlebt, wie ein Traum auch einen schwierigen Ratsuchenden motivieren kann, eine für ihn unangenehme Einsicht zu akzeptieren, wird meine Erfahrungen teilen, daß von Träumen eine überzeugende Wirkung ausgehen kann. Diese Erfahrung ist die eigentliche Triebfeder zur Veröffentlichung dieser Schrift.

Für die Arbeit mit Träumen in der Beratung ist das unterschiedliche Verständnis der Übertragung im Sinne Freuds und die Selbstregulierungsprozesse der Psyche im Traum, wie sie in der analytischen Psychologie C.G. Jungs verstanden werden, zu beachten.

In der klassischen Freudschen Analyse und in jenen Beratungskonzepten, die sich auf diese Theorie gründen, ist die Übertragung das A und O der Behandlung. Sie hat eine fast nicht zu überschätzende Bedeutung. Jung vergleicht einmal die Übertragung mit einem heilsamen Gift, das nur in der richtigen Dosierung eine wirkungsvolle Kraft entfaltet. Hier könnte der Traum als regulierender Helfer einspringen. In einer analytisch-kausalen Betrachtungsweise (eben derjenigen Freuds) entlastet der Traum aber diese Beziehung nicht, sondern seine Symbole werden aufgelöst und fließen in das Übertragungsverhältnis ein. Es ist klar, daß bei einer ausschließlich kausalen Sicht des Traumes dieser nicht als Ratgeber fungieren kann. Ist er da doch ein mehr oder weniger regressives Phänomen, und seine Symbole zielen nicht auf einen Entwurf zukünftiger Konfliktlösungen, sondern verhüllen allenfalls einen verdrängten Wunsch. Mit dieser Konzeption im Hintergrund kann der Traum nur schwer in das Beratungsgeschehen einbezogen werden, weil die ganze Last des seelischen Heilungsprozesses auf den Schultern der Übertragungsbeziehung liegt und ein Berater ohne fundierte Lehranalyse wohl überfordert wäre.

Die Übertragung wird von R.G. Greenson wie folgt definiert: «Übertragung ist das Erleben von Gefühlen, Trieben, Haltungen, Phantasien und Abwehr gegenüber einer Person in der Gegenwart, die zu dieser Person gar nicht passen, sondern die eine Wiederholung von Reaktionen sind, welche ihren Ursprung in der Beziehung zu wichtigen Personen der frühen Kindheit haben und unbewußt auf Figuren der Gegenwart verschoben werden.» (S. 183)

Der Autor führt weiter aus, daß diese Definition auf vier Grundannahmen beruhe:

1. Übertragung ist eine Variante der Objektbeziehung.
2. Übertragungsphänome wiederholen eine frühere Beziehung zu einem Objekt.

3. Der Mechanismus der Verschiebung ist der wesentliche Vorgang bei Übertragungsreaktionen.
4. Übertragung ist ein regressives Phänomen.

Wenn ein psychisches Phänomen als Übertragung angesehen werden soll, müssen diese vier Elemente alle vorhanden sein. Jede dieser vier Komponenten hat wichtige theoretische und klinische Bedeutung.

Diese Grundannahmen wurden in Theorie und Praxis anderer tiefenpsychologischer Schulrichtungen ergänzt und erweitert (s. Wyss). Beispielhaft nennen wir die analytische Psychologie C.G. Jungs, der nach seiner Trennung von Freud manche Grundannahmen nicht mehr teilte. Diese Erweiterung ist für unser Thema wichtig, weil sie erst ermöglicht, den Traum in das Beziehungsgefüge Berater–Klient sozusagen als dritten Partner mithineinzunehmen. Deshalb wollen wir an dieser Stelle uns kurz mit der unterschiedlichen Wertigkeit der Übertragung und der unterschiedlichen Auffassung über die Funktion des Traumes befassen. Beides hängt miteinander zusammen.

C.G. Jung hat sich durch seine Erfahrungen und Forschungen zunehmend von dem Verständnis der Übertragung bei Freud unterschieden und schildert in seiner Vorrede zu «Die Psychologie der Übertragung» seine Sicht des Problems wie folgt:

«Jener Vorgang, den Freud als ‹Übertragung› bezeichnet hat, ist für jeden, der die psychotherapeutische Praxis aus eigener Erfahrung kennt, ein oft schwieriges Problem. Es ist wohl nicht übertrieben, wenn man annimmt, daß sozusagen alle Fälle, die längerer Behandlung bedürfen, um das Phänomen der Übertragung gravitieren, und daß es zum mindesten so erscheint, als ob der Erfolg oder Mißerfolg der Behandlung ganz wesentlich damit zu tun hätte... Obschon ich ursprünglich mit FREUD der Übertragung eine kaum zu überschätzende Bedeutung beimaß, habe ich doch mit vermehrter Erfahrung einsehen müssen, daß auch diese Wichtigkeit relativ ist. Die Übertragung kann man jenen Medikamenten vergleichen, die beim einen als Heilmittel, beim anderen als pures Gift wirken. Ihr Erscheinen bedeutet im einen Fall die Wendung zum Guten, im anderen Verhinderung

und Beschwernis, wenn nichts Schlimmeres, im dritten endlich ist sie relativ unwesentlich. Sie ist aber meist ein kritisches Phänomen, das in allen Farben schillert, und ihr Vorhandensein sagt ebenso viel aus wie ihr Nichtvorhandensein» (GW 16, S. 174f.)
Obgleich sich Jung an zahlreichen Stellen seiner Schriften anerkennend über Freuds Entdeckung der Übertragung äußert, verstand er diesen Vorgang nicht nur als das infantile Übertragen subjektiver Phantasien auf das Objekt, als kompensierende Reaktion auf die Schwierigkeiten des Lebens, sondern er beachtete darüber hinaus die Symbolfunktion der Psyche und die Selbstregulierungsprozesse im psychischen System, die besonders eindrucksvoll in der prospektiv-finalen Funktion des Traumes zum Ausdruck kommen. Diese Sichtweise hat der leider viel zu wenig bekanntgewordene Mitstreiter Jungs, Alphonse Maeder, wie folgt beschrieben (Wege, S. 17):
«Nach der anfänglichen Betonung alles Analytisch-Kausalen und Tiefenpsychologischen meldete sich bei mir spontan der Drang nach einer Aufbauarbeit, nach der Synthese. Meine intuitiv-suggestive Eigenart trieb mich, dem Vorausschauenden (Prospektiven), Finalen nachzuspüren, die seelischen Entwicklungsmöglichkeiten der Analysanden zu wecken und zu stützen. Nach der Aufdeckung der seelischen Konflikte schien es mir wichtig, an ihrer Lösung mitzuarbeiten. Immer deutlicher zeigte es sich, daß in der Seele (wie in der übrigen belebten Natur) ein Heiltrieb vorhanden ist, den es gilt freizubekommen. Ähnlich der Selbststeuerung in der Biologie strebt die Psyche nach Wiederherstellung des gestörten seelischen Gleichgewichts, sogar wenn die Struktur defekt geworden ist. Außerhalb des nur Rationalen, Willensmäßigen im Bewußtsein gibt es eine fundamentale Selbsttätigkeit des Psychischen. Die Seele heilt sich selbst; der Arzt kann durch Verstehen und Führen den Prozeß auslösen und stützen. ‹Natura sanat, medicus curat› gilt hier ebenso wie in der körperlichen Sphäre.»
Hier wird die Selbstheilungstendenz der Seele betont und die ausschließliche Bedeutung der Übertragungsbeziehung relativiert. So wichtig auch die vertrauensvolle Beziehung zwischen

Patient und Psychotherapeut, zwischen Ratsuchendem und Berater ist, so ist die Beziehung doch nur das eine Standbein des Arbeitsbündnisses. Das andere Bein ist die in jedem Menschen waltende psychische Fähigkeit, aus sich selber heraus – mit Hilfe und Beistand des Beraters – eine Lösung der Schwierigkeiten zu entwickeln. Jung meint hierzu: «Mit Hilfe dieser finalen Komponente des Traumes werden Zukunftstendenzen des Kranken elaboriert, und so tritt der Genesende, wenn die Arbeit gelingt, aus der Behandlung und dem halbinfantilen Übertragungsverhältnis über in ein innerlich sorgfältig vorbereitetes Leben, das er sich selber gewählt hat und mit dem er sich nach reiflicher Überlegung einig erklären kann» (Allgemeine Gesichtspunkte zur Psychologie des Traumes).

Der Traum ist demnach jenes «innerlich sorgfältig vorbereitete Leben», auf das der Berater und der Ratsuchende sich stützen können. Der Berater braucht die Projektionen des Ratsuchenden – womöglich um sich selbst zu schützen – nicht als infantil abzuwerten und damit zu zerstören, weil der Traum ihm in aufbauender Weise zu Hilfe kommt. Durch die Kraft des Symbols werden dem Träumer die übertragenen Inhalte zurückgegeben, und zwar in einer Form, mit der er sich «einig erklären kann», da er «in ein Leben tritt, das er sich selbst gewählt hat».

Wer damit anfängt, seine Träume genauer zu betrachten, stößt sehr bald auf die vielfältigen Kombinationen von Bildern und Erfahrungen aus den verschiedenen Lebensphasen. Wie ein Dichter in einem Sprachsymbol bestimmte Erfahrungen zusammendrängt, so verdichten sich im Traum oftmals die vergangenen Erfahrungen und künftige Ereignisse. Bei der Erforschung von Gesetzmäßigkeiten steckt die Traumpsychologie noch in den Anfängen. Mehr Erkenntnisse besitzen wir dagegen über das Kompositionsprinzip der Träume. In zahlreichen Schriften zur analytischen Psychologie wird auf die dramatische Struktur des Traumes eingegangen, so daß wir hier nur kurz wiedergeben, daß in der Einleitungsphase des Traumes ein Problem an seinem Ort mit den handelnden Personen oder Tieren vorgestellt wird. Die Psyche kann in den Träumen die verschiedensten Erfahrungen und Ereignisse nicht nur kombinieren und korrelieren, sondern auch informieren und Rat geben. Der Sinn kann sich durch eine Stimme im Traum überzeugend mitteilen. Manchmal kann es auch ein einzelnes Wort oder Symbol sein, von denen eine überzeugende Wirkung ausgeht. Ferner kann der Rat in der Entwicklung der dramatischen Handlung eines Traumes «verwickelt» enthalten sein. Bei den verschiedenen Traumbeispielen werden wir auf diese Funktion aufmerksam machen.

Obgleich die Träume auch ungedeutet und unverstanden durch ihre Dynamik und Symbolik auf die Seele und das Leben des Träumers wirken, erhalten sie durch das erkennende Ich-Bewußtsein ihren Sinn. So sinnvoll die oben geschilderten Anordnungen in der Symbolfunktion sein mögen, die Botschaft des Traumes ist damit noch nicht erschlossen. Erst das erkennende und reflektierende Ich-Bewußtsein schafft die sinngebende Wechselbeziehung zum Traum. Der seiner selbst bewußt werdende Mensch sollte auch auf die Stimme und Botschaft seines Selbst (s. S. 55) hören, dessen Sprachrohr der Traum ist.

Die imaginative Funktion der Psyche kommt im Traum zum Ausdruck. Die Imagination ist eine anthropologische Grundfunktion. Bevor der Mensch sprechen lernt, «ist er im Bilde». In dieser Redensart ist eine tiefe psychologische Weisheit aufbewahrt. Erst wer «im Bilde ist», kann über eine Angelegenheit oder ein Problem wirklich sprechen. Im Bild begreift der Mensch sein Leben und seine Welt. Wohl vor jedem Menschen steht ein Bild des, das er werden soll. In Bildern entwirft der Mensch seinen Lebensplan. Im Bild entdeckt der Mensch seine Originalität. Die Träume bringen es an den Tag. Was in originären Bildern und persönlichen Traumsymbolen zum Ausdruck kommt, kann durch die Einbildungskraft und die Phantasie im Leben gestaltet werden. Gestaltwerdung setzt ein Bild voraus. In Bildern bleibt die persönliche Lebensgeschichte in Erinnerung.

Unsere vielfältigen Beziehungen und der Umgang mit den Bildern in den Imaginationen sind zwei grundlegende Lebenserfahrungen. Auch für mein Beratungskonzept sind diese beiden Dimensionen des Lebens von grundlegender Bedeutung. Während die Beratungskonzepte, die sich auf das psychoanalytische Verständnis der Übertragung gründen, vor allem die Arbeit an den Beziehungen des Ratsuchenden in den Vordergrund stellen, berücksichtigen wir darüber hinaus bei der Arbeit mit Träumen die Informationen und Selbstregulierungsprozesse, die in diesen Imaginationen verschlüsselt oder offenbar enthalten sind.
Die Imagination der Psyche kommt im Traum zum Ausdruck. Das Traumgeschehen möchten wir in diesem Zusammenhang als «unendlichen Bilderstrom» bezeichnen, von dem nur ein geringer Anteil vom Bewußtsein empfangen wird. Die unerkannten Bilder und Symbole dagegen sinken wieder zurück in das scheinbar unausschöpfliche Meer der Seele. Doch bereits die wenigen behaltenen Träume lassen in ihren Bildern und Handlungen einen Reichtum und eine Vielfalt erkennen, die bei entsprechender Einsicht helfen können, Lösungen für Schwierigkeiten und Anregungen für die Lebensgestaltung zu erhalten.
Im Traum spiegelt sich das Erleben des Träumers. Jeder Traum steht in einer Korrelation zu den Erfahrungen und zur Lebensgeschichte des Träumers. Die Wechselbeziehungen zwischen den Interaktionen und den Imaginationen sind bei der Arbeit mit Träumen in der Beratung stets zu beachten. Der Traum entwirft in seinen Bildern neue Lebensmöglichkeiten. Im Unterschied zu einer Film- und Fernsehkamera, die nur die Objekte abbilden und stets gleichbleibend wiederholen kann, geschieht im Traum nicht nur eine Wiedergabe von geschichtlichen Erfahrungen, sondern auch eine Vorgabe von neuen Lebensmustern. Unsere Träume entwerfen den Lebensplan und differenzieren die vielfältigsten Erlebnismöglichkeiten. An dem tiefenpsychologisch weitgehend anders gefüllten Begriff der Projektion heben wir die Funktion des Entwerfens hervor.

Der Traum teilt seine Ratschläge in einer Bildersprache mit. Durch die Bilder und Symbole geschieht eine Transformation der inneren Psychodynamik. Dieser andauernde Lebensprozeß ist nicht einseitig ausgerichtet, sondern ist als Wechselbeziehung, als Korrelation, zu beschreiben. Eine gestörte Symbolfunktion der Psyche ist daran zu erkennen, daß die Psychodynamik nicht ins Bildhafte transformiert werden kann, und umgekehrt ist die Symbolfunktion ebenfalls gestört, wenn den Imaginationen keine Vorstellungskraft innewohnt. Wenn die Psychodynamik sich nicht in Bildern äußern kann, sondern gestaltlos bleibt, führt dies im allgemeinen zu Verstimmungen und Depressionen. Die Symbolfunktion ist Ausdruck einer Korrelation zwischen Psychodynamik und Imagination. Der Traum rekonstruiert das Selbst des Menschen mit dem Ziel, daß das Ich und das Selbst miteinander korrelieren. Der Traum bringt uns die Stimme des Selbst zu Gehör. In den psychischen Stimmungen tönt die Stimme des Sinnes. Diese im allgemeinen leise Stimme geht oft im Meer des Vergessens unter, um in einer neuen Welle von emotionalen Stimmungen aufzutauchen und zu mahnen: «Erkenne dich selbst!» «Sieh dein wahres Selbst und gestalte dein Leben danach!»

Wegen der Korrelation von Traum und Leben ist jeder Traum in der Beratungsarbeit in die Lebensgeschichte des Träumers «einzubetten». Bei dem Bemühen um den Kontext eines Träumers können entweder wichtige Tagesreste herausgearbeitet werden oder vergessene und verborgene Erfahrungen aus der Lebensgeschichte auftauchen. Die Informationen und die Botschaft des Traumes sollte der Träumer zu verstehen suchen. Dazu können auch Einfälle des Träumers beitragen. Bei der Arbeit mit Träumen in der Beratung sollte nach der Einordnung eines Traumes in die Lebensgeschichte als nächstes nach den Einfällen des Träumers gefragt werden. Ich habe die Erfahrung gemacht, daß die geniale Entdeckung Freuds, nach den Einfällen zu fragen, auch in der Beratung praktiziert werden kann.

Die Einfälle des Träumers sollten durch die Empfindungen des Beraters ergänzt werden. Wie bei der Einfühlung des Beraters in die Schwierigkeiten des Ratsuchenden, so können auch die Einfälle und Empfindungen des Beraters zu einem Traum dazu beitragen, daß dessen Botschaft verstanden wird. Besonders wenn ein Ratsuchender Schwierigkeiten hat, seine Gefühle zuzulassen und diese im Traum wiederkehren, kann der Berater durch die Verbalisierung seiner Empfindungen die Psychodynamik eines Traumes verstehen helfen. Das gemeinsame Bemühen von Träumer und Berater kann schließlich dazu führen, die Empfehlungen und Lösungsvorschläge eines Traumes besser zu verstehen. Daß dieses Bemühen um das Verstehen eines Traumes selten perfekt sein kann, gehört zu den grundlegenden Erfahrungen der Arbeit mit Träumen in der Beratung. Zusammenfassend seien folgende Arbeitsschritte genannt, die in den nächsten Kapiteln durch Fallbeispiele verdeutlich werden:

1. Einordnung eines Traumes in die Lebensgeschichte des Träumers;
2. Einfälle des Träumers;
3. Empfindungen des Beraters zu dem Traum;
4. Empfehlungen und Botschaften des Traumes zur Lebensgestaltung.

Fallbeispiele mit Träumen

Der Aktualkonflikt im Traum

Mit dem Begriff Aktualkonflikt werden die derzeitigen aktuellen Schwierigkeiten eines Ratsuchenden oder Patienten bezeichnet. Es sind die jetzigen Problem, die ihm am meisten zu schaffen machen. Da die Träume mit dem Leben in einer Wechselbeziehung stehen, spiegelt sich der Aktualkonflikt auch in den Träumen wider.

1. Die Einbettung des Traumes in die Lebensgeschichte:
Es handelt sich bei der Ratsuchenden um eine 32jährige verhei-

ratete Frau, die von Beruf Kindergärtnerin ist. Sie ist seit Jahren mit einem manisch-depressiven Mann verheiratet. Vor zwei Jahren wurde den Eheleuten ein mongoloides Kind geboren, das bald darauf starb. Der Ehemann war vor zwei Jahren wegen seiner Depression einige Wochen in der Klinik.
Als Aktualkonflikt werden zu Beginn der Beratung Eheschwierigkeiten genannt, die vor allem in der Gefühlskälte seitens des Mannes bestehen. Besonders gravierend ist für die Ratsuchende der Umstand, daß der Ehemann durch Selbstmorddrohung seine künftige Frau zur Eheschließung genötigt hat. Der Ehemann vermag in den folgenden Jahren durch seine Depressionen seine Frau zur Fortsetzung der Ehe zu verpflichten.
Besonders schwer verkraften kann die Ratsuchende, daß ihr Mann wiederholt mit Freundinnen fremdgeht. Die Ratsuchende erklärt: «Mein Mann zeigt mir immer die kalte Schulter.» Aus diesem Grunde ist die Frau inzwischen gefühlsmäßig aus der Ehe ausgestiegen. Bewußt jedoch fühlt sie sich für ihren Mann übertrieben verantwortlich. Diese Verantwortung für den Mann ist die derzeit stärkste Bindung an ihn. Die Frau selber sieht sich als hilflos, gelähmt, depressiv und leidet unter ihren starken Gefühlsschwankungen zwischen «himmelhoch jauchzend und zu Tode betrübt».
Die Ratsuchende steht vor der inneren Entscheidung, ob sie sich von dem Mann trennen soll. Wie die genannten Konflikte mit den Augen der Psyche gesehen werden, zeigt der nachfolgende Traum der Ratsuchenden:
«Ich stehe am Rande eines Flusses. Ein lahmes Mädchen und ein Klavier werden auf ein Schiff verladen. Der Kapitän steht vorne und beachtet die Ladung nicht. Obgleich das Schiff vor Anker liegt, sind die Segel gesetzt. Ich laufe in panischer Angst weg.»

2. Einfälle und Deutungen der Träumerin:
Da der Traum von der Ratsuchenden gegen Ende der Stunde eingebracht wurde, verblieb nur noch wenig Zeit für die Fragen und Ansichten der Träumerin zu ihrem eigenen Traum.
Die Träumerin hat den Eindruck, daß in diesen Bildern ihre

Ehesituation dargestellt ist. Das Bild des Schiffes ist der Frau durch zahlreiche Segelfahrten mit ihrem Mann aus der Realität vertraut. Der als forsch und rücksichtslos beschriebene Mann nötigte die Klientin oft, mit ihm auf wagemutige und furchterregende Segelfahrten ins Mittelmeer aufzubrechen. Zunehmend überwand die Klientin ihre Angst und nahm schließlich sogar das Steuer des Segelschiffes in die Hand.

Zu dem Klavier fällt der Träumerin ein, daß sie in der Jugendzeit gerne Klavier gespielt hat. Zu der Klavierlehrerin bestand eine gute und vertrauensvolle Beziehung. In den gegenwärtigen Schwierigkeiten reagiert sich die Klientin durch Klavierspielen ab.

Das lahme Mädchen wird zu der eigenen Hilflosigkeit in Beziehung gesetzt. Obgleich die Träumerin durch die Depressionen sich wie gelähmt fühlt, kann sie sich durch das Klavierspielen über manche trübe Stunde hinweghelfen.

Zu dem abgewandten Kapitän wird der Ehemann assoziiert. Dieser nimmt in der Realität genausowenig Notiz von der Klientin, wie es im Traum dargestellt ist. Während der Mann woanders hinguckt, läuft die Frau in panischer Angst weg. In diesem äußerst dynamischen Bild verdichtet sich der Aktualkonflikt der Ratsuchenden.

3. Empfindungen und Einsichten des Beraters und des Teams:

Der Berater ist mit seinen Empfindungen am stärksten mit dem Problem beschäftigt, wie die Frau ihren eigenen Weg finden kann. Die Gleichgültigkeit des Ehemannes der Klientin gegenüber erregte im Berater das Gefühl des Ärgers und der Aggression. Die panische Angst der Klientin beim Weglaufen übertrug sich auf den Berater. Er hatte sich mit gewissen Impulsen in sich auseinanderzusetzen, aus diesem Fall auszusteigen und auch davonzurennen. Ein wesentlicher Impuls des Beraters besteht darin, der Ratsuchenden zu helfen, daß sie für sich selber etwas erarbeitet.

Das Team arbeitete in seiner Besprechung folgende Aspekte heraus: Das Bild des Rollstuhles zeigt die Klientin in ihrem gelähmten Selbstwertgefühl und in ihrer Depression. Wegen der starken psychischen Gefährdung ergreift das Ich-Bewußtsein die Flucht. Das Gefühl der panischen Angst beim Weglaufen läßt die starke emotionale Beteiligung erkennen. So negativ auf den ersten Blick auch dieses Weglaufen erscheinen mag, so zeigt sich darin dennoch eine gewisse Ich-Stärke. Während die Depression an den Rollstuhl fesselt, muß das Ich zum Laufen alle Kraft zusammennehmen. Hierin wird ein bescheidener Anteil zur Wandlung gesehen.

4. Die Situationsangabe des Traumes:
Der Traum stellt die schwierige Ehesituation der Klientin dar. Sie erlebt sich wie das gelähmte Mädchen, das aufs Schiff gebracht wird, während ihr Mann (= Kapitän) nach anderen Frauen Ausschau hält. Den Ambivalenzkonflikt zwischen der Neigung, diesen Mann zu verlassen, und andererseits dem übertriebenen Verantwortungsgefühl für den Mann stellt der Traum in dem Bild des gehißten Segels und dem durch den Anker festgehaltenen Schiff dar. Die Lebenskräfte der Klientin können zur Zeit noch nicht zu einer gelungenen Entwicklung eingesetzt werden. Obgleich der Wind die Segel zur Ausfahrt bläht, fühlt sich die Träumerin an ihren Mann gekettet.
Subjektstufig betrachtet legt die Klientin sich selber mit ihrem Verantwortungsbewußtsein an die Kette. Von diesem Bild geht einerseits der Eindruck aus, daß sich bei diesen Verkettungen der Partnerbeziehung kaum etwas ändern kann. Andererseits kann dieses Bild der Ankerkette auch ein hoffnungsvolles Symbol sein, daß es in äußerst schwierigen Lebenssituationen darum geht, eine Zeitlang in dem Konflikt auszuharren.
Die genannten Probleme und der Traum lassen deutlich werden, daß es in dieser Schwierigkeit zunächst keine Patentlösung gibt. Der Beratungsprozeß wird gelegentlich mit dem Bild eines Weges beschrieben, um irgendwann einen Ausweg zu erkennen. So steht der Traum auch in einer Reihe von vielen Äußerungen der Psyche, die als ein sich selber regulierendes System damit beschäftigt ist, Lösungen zu entwickeln.

Durch den vorstehenden Traum hat der Berater einen tieferen Einblick in den Konflikt der Ratsuchenden erhalten. Die berichteten zahlreichen Einzelfakten verdichten sich in den Bildern des Traumes und veranschaulichen dem Berater, wo die Ratsuchende zu diesem Zeitpunkt steht. Durch die Einbeziehung des Traumes konnte sich der Berater besser in die Ratsuchende einfühlen.

Kinderwunsch und Torschlußpanik

1. Zur Lebensgeschichte der Träumerin:
Es handelt sich um eine 41jährige ledige Krankenschwester. Sie wuchs als Älteste zusammen mit drei weiteren Schwestern auf. Mit sechs Jahren verlor die Klientin ihre Mutter durch einen Bombenangriff. Von der Stiefmutter habe sie sich nie geliebt gefühlt. Als Älteste mußte die Träumerin stets ein Auge für ihre jüngeren Schwestern haben und von klein auf besondere Verantwortung übernehmen. Der große Lebensplan der Klientin, Ärztin zu werden, wurde durch den Unfalltod des Vaters verhindert. Im weiteren Lebensverlauf mußte die Klientin stets darauf sehen, den Kopf oben zu behalten, und in den zahlreichen familiären Schwierigkeiten durfte sie den Kopf nicht verlieren. Die aus vielen Lebensschicksalen bekannte Problematik ihrer «Verkopfung» führte dazu, daß die Gefühle weitgehend unterdrückt werden mußten.
Besonders tragisch wirkte sich die Verdrängung des Gefühls in der Beziehung zu anderen Menschen und speziell zu Freunden aus. Die Klientin leidet darunter, daß ihre Freundschaften immer wieder zerbrechen. Dies hängt offenbar mit der Angst vor den eigenen aufkommenden Gefühlen zusammen. Die ledige Klientin hat den großen Wunsch, eine eigene Familie und viele Kinder zu haben. Aus diesem Lebenszusammenhang wird der folgende Traum verständlich:
«Ich bringe Vierlinge zur Welt. Dabei spürte ich den Druck im Magen ganz deutlich.

Beim ersten Kind dachte ich: ‹Was glitzert denn da so?› Das Kind hatte drei Augen. Aber ich sagte mir: Das ist nicht schlimm, die können wegoperiert werden.
Das zweite Kind war normal, gesund und kräftig.
Das dritte Kind war mager und klein. Ich sagte mir, daß es viel Mühe kosten würde, es durchzubringen.
Das vierte Kind hatte keinen Kopf, und ich habe es gleich in den Abfall geworfen. Dabei wunderte ich mich im Traum, wie ruhig und gelassen ich das Kind weggeworfen habe. Wenn es Wirklichkeit gewesen wäre, dann hätte ich unbedingt alle Kinder haben wollen.»

2. Deutung der Träumerin:
Während die Träumerin ihren Traum erzählt, preßt sie ihre Hände fest an den Leib und stöhnt dabei. Wie eine Frau in den Wehen stellt die Träumerin in dieser Geste ihre Empfindungen dar. Die in weiten Strecken des Lebens unterdrückten Gefühle können jetzt ein Stück weit buchstäblich begriffen werden. Die unter der Verkopfung leidende Frau kann mittels des Traumes das werdende Leben in sich selber fühlen.
Die Klientin setzt diesen Traum zu ihrem starken Kinderwunsch in Beziehung. Mit ihren 41 Jahren wird sie zunehmend von einer Torschlußpanik erfaßt. Sie berichtet, daß sie mit einem festen Partner möglichst gleich mehrere Kinder haben möchte. Um den Kinderwunsch zu realisieren, würde die Klientin Hormontabletten nehmen. Die genannten Wünsche und Vorstellungen lassen verständlich werden, daß die bisherigen Freunde der Klientin es mit der Angst kriegen und sich schleunigst abwenden.
Durch die «verschlingende Weiblichkeit» werden die Männer in die Flucht geschlagen. Die Klientin fragt sich: Bin ich denn wirklich so verschlingend? Gehen meine Beziehungen mit den Freunden durch den übertriebenen Kinderwunsch kaputt? Auf diese Fragen gibt der Traum, wenn man ihn entschlüsselt, eine überzeugende Antwort.

3. Der Traum als Berater des Beraters:
Der Berater setzt den Traum in Beziehung zu den bewußten Konflikten der Ratsuchenden. Der bewußt geäußerte Wunsch nach Kindern scheint die Träumerin so tief zu bewegen, daß im Traum die gleichen Motive auftauchen. Die bekannte Theorie vom Traum als Wunscherfüllung scheint sich in unserem Traum darzustellen.
Die genaue Beobachtung von Besonderheiten der vier Kinder im Traum zeigt uns die Richtung auf weitere Zusammenhänge. Als erstes wird der Traum mit der Träumerin und ihren drei Schwestern in Beziehung gesetzt. Wir erwähnten bereits, daß die Klientin als Älteste in der Schwesternreihe stets ein Auge auf die jüngeren Schwestern werfen mußte. Diese Lebenserfahrung macht verständlich, daß im Traum das erstgeborene Kind drei Augen hatte. Die Vorrangstellung der Erstgeborenen klingt auch in dem Glitzern des ersten Traumkindes an. Durch die übertragene Verantwortung fühlt sich die Klientin als leuchtendes Vorbild für ihre jüngeren Schwestern. In allen familiären Schwierigkeiten versucht die Klientin stets den Kopf oben zu behalten. Zunehmend wurde die Denkfunktion entwickelt und ausgeprägt. Mit der Vorherrschaft des Denkens wurde das Fühlen unterdrückt und die Empfindungsfunktion sowie die Intuition in den Schatten gerückt.
Ein weiterer Aspekt der Traumsymbolik eröffnet sich uns, wenn wir die vier Kinder der Träumerin als Abbilder der vier Funktionen (Denken, Fühlen, Empfinden, Intuition) im Sinne der analytischen Psychologie C. G. Jungs sehen. Nach dieser Theorie verhält es sich so, daß die bisher vorherrschende Hauptfunktion ihre Dominanz aufgeben muß, damit die anderen Funktionen in Kraft treten können.

4. Der Traum als Ratgeber:
Der Traum lenkt unsere Aufmerksamkeit auf das erste Kind mit den drei Augen. Durch das «Glitzern» wird die Träumerin besonders auf dieses Kind mit den drei Augen gelenkt. Das Glitzern und Leuchten veranlaßt zum Hingucken und Nachden-

ken. Dabei wird die Träumerin gewahr, daß dieses Kind drei Augen hat. Das Auge ist Symbol für die Einsicht. In zahlreichen Mythen und symbolischen Anschauungen ist das sogenannte dritte Auge ein Symbol für höhere Einsicht. Während unsere zwei Augen sehen, was da vorgeht, durchschaut das dritte Auge die Vorgänge und hat einen Durchblick zum Lebenshintergrund.

Aus der Tiefe des eigenen Wesens stellt der Traum die Wandlung in Aussicht. Die vier Kinder stellen vier Wesensanteile in der Persönlichkeit der Klientin dar. Wir wissen aus der kurz dargestellten Anamnese, daß die Träumerin sich bisher vor allem mit ihrer Denkfunktion im Leben orientiert hat. Diese Hauptfunktion wird jetzt buchstäblich in den Abfalleimer geworfen. Die alles beherrschende Funktion des Denkens beginnt abzufallen. Die Vorherrschaft des Denkens wird im Traum gebrochen.

Anstatt der Vorherrschaft des Denkens im Leben tritt in der Bildgestalt des ersten Kindes mit dem dritten Auge das intuitive Sehen in den Vordergrund. Darunter ist in der Traumpsychologie und Symbolik der Prozeß des Einsehens mittels der Bilder und Symbole zu verstehen. Der Traum bereitet die bewußte Einsicht in neue Lebenserfahrungen überzeugend vor. Aus der Tiefe des eigenen Wesens steigt die Einsicht auf.

Mehr als die Einsicht von außen, wozu auch die Sicht des Beraters gehört, wird das Ich-Bewußtsein durch die Einsicht aus der eigenen Tiefe überzeugt. Was unser Traum ins Bild setzt, muß die Träumerin in einem gewissen «Nachhilfeunterricht» durch die Beratung verstehen lernen. Dazu gehört auch das Umsetzen der Einsicht in neue Lebenserfahrungen. Wie lebens- und leibnahe die herausgearbeiteten Zusammenhänge der Klientin sind, zeigt die eingangs hervorgehobene Geste, daß die Träumerin sich beim Erzählen des Traumes an den Leib greift und die symbolischen Erfahrungen des Traumes be-greift. Der Traum gebiert eine neue Lebenserfahrung.

Biographisches zur Träumerin:
Bei der Träumerin handelt es sich um eine 32jährige intelligente, aber nicht intellektuelle Frau mit vielen musischen Interessen und Begabungen. Sie ist seit sieben Jahren verheiratet mit einem ehrgeizigen, völlig auf den Beruf konzentrierten Wissenschaftler, mit dem sie eine drei Jahre alte Tochter hat. Ursprünglich wurde die ganz aus ihren Emotionen heraus lebende Klientin durch ihren so andersartigen, sachlichen Mann angezogen, fühlte sich dann aber immer mehr durch seine Kühle abgewiesen. Ähnlich, nur mit umgekehrten Vorzeichen, erging es dem Mann, der sich durch die Wünsche nach Nähe und Zärtlichkeit seiner Frau so überfordert fühlte, daß er sich immer mehr zurückzog und ihr monatelang sexuelle Kontakte verweigerte. Die Klientin versuchte bislang ihre eheliche Situation zu verändern, indem sie sich ihrem Mann noch mehr anpaßte und ihre eigenen Interessen ganz zurückstellte. Der Ehemann empfindet die Selbstaufgabe seiner Frau aber nicht als Entgegenkommen seiner Bedürfnisse, sondern eher als weitere Einengung und als zusätzliche Belastung mit Schuldgefühlen, da er nicht so bereit sein kann, seine Familie zum Mittelpunkt seines Lebens zu machen wie seine Frau. Zugespitzt hat sich dieser Konflikt durch die Geburt des Kindes. Der Ehemann befürchtet seitdem, daß seine Frau nun keinen Grund mehr habe, größere Eigenständigkeit zu entwickeln. Die Klientin fühlt sich dagegen sehr wohl in ihrer Rolle als Mutter und möchte gerne noch möglichst viele weitere Kinder.
Frau S. bezeichnet ihr Elternhaus, in dem sie zusammen mit ihren vier Schwestern aufwuchs, als ein paradiesisches Gefängnis, wobei sie das Paradiesische viel deutlicher artikulieren kann als das Einengende. Ihre Mutter, die in der Familie die Regie führte, ist eine vielseitig begabte Frau, die mehrere Bücher schrieb, viele gesellschaftliche Kontakte pflegte, sich aber auch in dominierender Weise um alle Belange der Familie kümmerte. Die Klientin hatte den Eindruck, daß nichts in dem großen Haus

geschah oder gedacht wurde, was ihrer Mutter verborgen bleiben konnte.
Ihr Vater wird eher schwach, gutmütig und inaktiv beschrieben. Er wurde von den fünf Kindern Bubi genannt und nahm diesen gegenüber eher mütterliche Funktionen wahr oder hatte die Rolle eines großen Bruders inne. Die Familie macht immer viel gemeinsam, was von der Klientin als sehr positiv erlebt wurde, und sie bedauert, daß es heute nur noch wenige Male im Jahr möglich sei, daß die gesamte Familie sich trifft. Harmonie und Wirgefühl wurde erwartet, Andersartigkeit nicht geschätzt, und Umgang mit Aggressionen hatte überhaupt keinen Platz. Mit 20 Jahren verließ die Klientin ihr Elternhaus, brach ihre künstlerisch orientierte Berufsausbildung ab und nahm eine Stelle weit unter ihren Möglichkeiten an. Sie hoffte, die räumliche Trennung würde ihr die innere Loslösung von der Familie erleichtern. Nach einigen intimen, unbefriedigenden Freundschaften und einer geplatzten Verlobung heiratete die Klientin ihren jetzigen Mann und war froh, ihren ungeliebten Beruf aufgeben zu können, um nun selbst eine Familie mit vielen Kindern zu gründen.

Die Eheschwierigkeiten der Träumerin:
Als Anlaß, die Beratungsstelle aufzusuchen, wurden unterschiedliche Erziehungshaltungen dem Kind gegenüber genannt. Die Klientin berichtete aber sofort, daß es eigentlich um Eheschwierigkeiten ginge, nur wäre derentwegen ihr Mann nicht bereit gewesen, eine Beratungsstelle aufzusuchen. Der Ehemann fühlte sich von seiner Frau hereingelegt und lehnte jede weitere Beratung ab. Frau S. wünschte weiterhin zu kommen, um ihren Anteil an den gemeinsamen Schwierigkeiten zu bearbeiten. Im Vordergrund stand zunächst der starke Wunsch der Klientin nach weiteren Kindern, den der Ehemann mit Verweigerung von sexuellen Beziehungen und der Androhung, sich sterilisieren zu lassen, beantwortete. Im Laufe der Beratung tritt dieser Konflikt zurück (das Paar hat inzwischen intime Beziehungen wiederaufgenommen), und die Klientin befaßt sich zunehmend

mehr mit ihrer starken Bindung an ihre Herkunftsfamilie und ihrem Bedürfnis, dieses Modell durch eine eigene große Familie wiederherzustellen.

Die Klientin, die einen unmittelbaren Kontakt zu ihren Gefühlen hat, brachte schon einige Träume spontan in das Gespräch ein. Möglicherweise hat sie darüber hinaus bemerkt, daß ich solchen Äußerungen mit großem Interesse zuhöre. Den folgenden Traum berichtete sie gleich zu Beginn einer Stunde. Sie glaubte, daß in diesem eine Änderung ihrer bisherigen Haltung angedeutet sei. Das Thema der vergangenen Stunde war ihre mangelnde Durchsetzungsfähigkeit und ihr Bedürfnis, es allen recht zu machen.

Der Traum lautet:

1 «Ich befinde mich auf einem Feldweg vor dem Haus meiner Eltern. Im Garten war ein Fest voller Leute.

2 Ich bin zusammen mit meinem Onkel, mit dem ich Zärtlichkeiten austausche und auf diesem Feldweg sechs- oder siebenmal sexuellen Kontakt habe.

3 Zwischendurch kommt meine zwei Jahre ältere Schwester und will uns stören. (Das hat mich richtig gequält. Es war so bedrohlich, daß alles, was ich unter Leben verstehe, keinen Grund und Boden mehr zu haben schien.)

4 Da machen ich und mein Onkel eine Geste, daß sie weggehen solle. Sie verschwindet, und wir befassen uns wieder miteinander.»

Der Kontext des Traumes:

Das Elternhaus, die Klientin nennt es «Villa Kunterbunt», und der 5000 Quadratmeter große Garten hat für die Träumerin immer eine große Rolle gespielt. Sie gerät ins Schwärmen, wenn sie von seinem alten Baumbestand und der Verwilderung spricht, die sie als angenehm empfindet. Der Garten ist von einer Mauer und einem Zaun umgeben. Dieser symbolisiert für die Klientin die Grenze zwischen Familie und Außenwelt. Sie hätte ihren Eltern oft ihre weltfremde Erziehung vorgeworfen, die sie kaum jemals einen Blick über die Mauer werfen ließ.

Der Onkel lebe in Amerika, er sei unternehmungslustig und aktiv. Sie und ihre Schwestern waren als Kinder allesamt in ihn verliebt gewesen. Seit Jahren habe sie aber nicht mehr an ihn gedacht. Die zwei Jahre ältere Schwester Hanna, an der sie, wie an allen ihren Schwestern, sehr hänge, habe sie oft kritisiert, sie solle doch mehr aus sich machen, selbständiger und unabhängiger werden. Die Meinung dieser Schwester sei ihr immer sehr wichtig gewesen.
Frau S. habe sich bisher in ihrem Leben von zwei inneren Leitsätzen führen lassen, nämlich: Hoffentlich gefällt das, was ich tue, und: Was denken die anderen von mir? Bevor sie überhaupt wahrnahm, was sie selbst wolle, habe sie zu erraten versucht, was die anderen von ihr erwarten könnten und sich dementsprechend verhalten. Die entschlossene Haltung im Traum, sich nicht stören zu lassen, sei neu für sie. Sie meint, daß es ihr in der letzten Zeit immer mehr gelänge, sich nicht durch andere aus dem Konzept bringen zu lassen, sondern sich eigene Wünsche zu erlauben.
Zu der körperlichen Vereinigung mit dem Onkel fällt ihr ein, daß sie als junges Mädchen sexuelle Phantasien um diesen Onkel kreisen ließ und ihre älteste Schwester beneidete, von der sie annahm, sie hätte mit diesem Onkel «etwas gehabt». Sie selbst sei damals noch zu jung für solche Dinge gewesen.

Reflexionen und Imaginationen der Beraterin:
Die Träumerin hat sich zwar vor mehr als zehn Jahren räumlich von ihren Eltern getrennt, aber die innerliche Ablösung ist nicht im gleichen Maße erfolgt. So kehrt sie nun im Traum auf den Weg zurück, der an ihrem Elternhaus vorbeiführt. Zwischen ihr und dem Garten befinden sich eine hohe Mauer und ein Zaun, eine klare Trennung zwischen ihrer Herkunftsfamilie und ihrem jetzigen Leben mit Mann und Kind. Der Zaun um den Garten könnte auch die Eingrenzung ihres leicht zum Ausufern neigenden Gefühlsbereichs symbolisieren oder überhaupt die psychische Abgrenzung, die ihr in allen ihren Beziehungen Probleme macht, besonders in der zu ihrem Mann.

Die Klientin hat wohl den Sinn des Traumes ganz richtig erfaßt, wenn sie in der Auseinandersetzung mit ihrer Schwester Hanna ein wichtiges Ereignis sieht. Diese Schwester verkörpert ihre unbewußten Schattenanteile, denn sie ist selbständig und unabhängig, hat genau die Eigenschaften, die der Klientin Angst bereiten und von denen sie früher annahm, sie beraubten sie der Zuneigung ihrer Mutter. Die Träumerin schickt ihren Schatten weg und ist dann ganz erleichtert. Es könnte sein, daß ihr der Traum zu verstehen geben will, sich mit ihren bislang nicht gelebten, Angst machenden und durch Hanna verkörperten Persönlichkeitsanteilen zu befreunden und sie nicht zum Verschwinden zu bringen, um dann die Lösung durch die Hingabe an einen Mann zu erwarten. Das entspricht ihrem bisherigen Verhaltensmuster. Die Heirat hat sie von ihrer zwar gewünschten, aber dann als sehr unangenehm erlebten Selbständigkeit erlöst.
Sie hätte natürlich auch den Onkel wegschicken und sich mit der Schwester befassen können. Aber dann hätte sie wieder nicht das getan, was sie eigentlich wollte, sondern das, was von ihr erwartet wurde. Immerhin genügt schon eine Geste, und sie hat es nicht mehr nötig, mit Messern nach ihrer Schwester zu werfen, wie sie es in einem vorherigen Traum tat. Das empfinde ich als Fortschritt.
Die Klientin bezeichnet diese Schwester Hanna als ein Paradestück der Erziehung ihrer Mutter. Indem sie sich dieser widersetzt, trennt sie sich im Traum auch von einem Teil ihrer übermächtigen Persona. Sie tut etwas Verbotenes, schläft schließlich auf offenem Feld mit ihrem Onkel und hört diesmal nicht auf die Meinung ihrer sonst in allem für kompetent gehaltenen Schwester.
Der Mann, mit dem die Klientin im Traum den Liebesakt vollzieht, ist nicht ihr Ehemann, sondern ein Onkel, an den sie schon lange nicht mehr gedacht hat. Er ist nach Amerika ausgewandert und versinnbildlicht für die Träumerin Pioniergeist und Initiative. Indem sie sich mit ihm befaßt, verbindet sie sich mit ihrer bisher vernachlässigten männlich aktiven Seite. Damit symbolisiert die Schlußszene einerseits das Ziel der Klientin,

nämlich die Wiederherstellung der ehelichen Harmonie, und auch die Lösungsmöglichkeit in der Versöhnung der Gegensätze Männlich – Weiblich.
Der Traum bietet Lösungsschritte an, wie zum Beispiel psychische Abgrenzung oder Berücksichtigung männlicher Persönlichkeitsanteile. Die Klientin sah für sich wesentlich, daß sie selbst das tut, was sie will, und sich nicht durch andere davon abbringen läßt. Das ist auch ein Verhalten, das sie inzwischen im Wacherleben allmählich umsetzen kann und was von den «Ratschlägen» des Traumes für sie am akzeptabelsten ist.

Traum und Selbstwertproblematik:
In einem ersten Gesprächsgang haben wir uns im Traumseminar mit der narzißtischen Selbstwertproblematik der Klientin befaßt. Unser «Arbeitsmaterial» bildeten die Fakten, die die Beraterin aus den verschiedenen Beratungsstunden im vorliegenden Protokoll zusammenfaßte. Diese Information setzten wir in Beziehung zu den Bildern des Traumes. Durch die imaginative Einfühlung in den Traum und in die Phantasien der Klientin begriffen wir etwas von der Psychodynamik, die in den Lebens- und Beziehungsschwierigkeiten zum Ausdruck kommt.
Die Klientin entdeckt zunehmend ihre unzähligen Bindungen an ihre Herkunftsfamilie. Auch am Anfang des Traumes befindet sie sich vor dem Haus der Eltern. Im Garten sind viele Leute bei einem Fest. In diesem knappen Bild spiegelt sich einer der Grundkonflikte der Träumerin. Einerseits zieht es sie in die Nähe des Elternhauses. Sie möchte bei der Familie mitfeiern, andererseits sich lösen und ihr eigenes Leben leben. Sie hofft dort immer noch etwas zu finden, was ihr in ihrer Kindheit gefehlt hat, nämlich Anerkennung und bedingungslose Zuneigung, Bestätigung in ihrem Sosein.
Ihre Mutter hat offensichtlich für ihr emotionales Gleichgewicht ihre Kinder gebraucht und sie folglich nicht als autonome Persönlichkeiten ernst nehmen können. Deshalb fällt es der Klientin schwer, sich von ihrer Familie zu trennen und eigene Gefühle zu leben. Um Anerkennung und Zuneigung zu be-

kommen, paßt die Klientin sich den Bedürfnissen der Mutter an und verleugnet eigene und vor allem aggressive Impulse. Von ihrer Mutter als Objekt benötigt und nur unter bestimmten Bedingungen akzeptiert, versucht sie auch in der Beziehung zu ihrem Mann nach erlerntem Muster der Anpassung doch noch ihre abgewehrten Wünsche nach Anerkennung und Verständnis zu befriedigen und durch ihre Kinder ein neues Selbst stellvertretend entstehen zu lassen. Wahrscheinlich spürt die Klientin, daß die Mutter-Kind-Beziehung wie kaum eine andere die Möglichkeit bietet, narzißtische Bedürfnisse zu befriedigen, und hat deshalb den so dringlichen Wunsch nach vielen Kindern. Der Ehemann scheint diesen Konflikt zu spüren und weigert sich, weitere Kinder zu zeugen.
Die Träumerin muß die Illusion vom harmonischen Paradies aufgeben, da sie nur unter Preisgabe ihres Selbst aufrechterhalten werden kann. Die Anpassung beläßt sie in ihrem Gefängnis und nützt ihr nichts, da die Zuneigung und Bestätigung, die sie dadurch bekommen kann, nicht ihrem wahren Selbst gilt. Sie muß das paradiesische Gefängnis verlassen und, wie sie es im Traum tut, außerhalb dessen sich aktiv eigene Lebensbedingungen schaffen, die ihrem Selbst entsprechen.

Sexualität und Individuation:
Das stark sexuell durchtönte Traumbild der Klientin möchte ich abschließend unter dem Gesichtspunkt der Individuation betrachten. Das schließt nicht aus, daß die in dem Fallbericht genannten Lebensumstände für eine sinnvolle Deutung zu berücksichtigen sind. Sicher ist es für die ganz aus ihren Emotionen heraus lebende Klientin ein großes Problem, wenn der Ehemann ihr über Monate hin sexuelle Kontakte verweigert. Auch der Wunsch, Mutter von mehreren Kindern zu sein, und andererseits die Androhung des Ehemannes, sich sterilisieren zu lassen, scheinen die allgemein bekannte psychoanalytische Sexualhypothese zu bestätigen. Vermutlich werden die Berater und Psychologen, die jener Sexualtheorie folgen, bei dem vorliegenden Traum eine mangelnde Beziehungsfähigkeit und/oder eine

nicht integrierte Sexualität diagnostizieren. Nach dem Fallbericht ließe sich auch ein Inzest mit dem Vater vermuten, der in dem Onkel aus Amerika wegen der Zensur versteckt erscheint. Diese und weitere Argumente, die die psychoanalytische Sexualhypothese zu bestätigen scheinen, lassen mich kritisch fragen, ob die reduktive Deutung die Psychodynamik im Traum hinreichend erfaßt.

Nach meiner Erfahrung und Überzeugung ist die Psychodynamik in der Sexualität und in sexuellen Traumbildern ganzheitlicher zu verstehen. Sexualität ist mehr als Lust, Fortpflanzungstrieb und Beziehung. Zu den biologischen Prozessen im Körper kommen die Phantasien, die in unzähligen Gestalten um die Vereinigung mit dem geliebten Objekt kreisen. Die Sexualität hat danach vor allem zwei Seiten, eine triebdynamische und eine bildhafte. Wie die anderen Basisgefühle (z.B. Angst, Schmerz, Freude), so erregt und bewegt die Sexualität den Menschen in seiner Ganzheit. Daher ist die Sexualität ein lebendiges Symbol für den Individuationsprozeß. Für die Ganzwerdung und Selbstverwirklichung braucht der Mensch lebendige Symbole, die sowohl seine Sinnlichkeit erregen als auch zur Sinnfindung anregen.

Welche Aspekte zur Ganzwerdung zeigt uns der Traum im Kontext des Fallberichtes?

Das Traumbild beschreibt, daß der Austausch von Zärtlichkeiten und der sexuelle Kontakt mit dem «Onkel aus Amerika» außerhalb des Elternhauses stattfindet. Wie beschrieben, verläßt die Träumerin das «paradiesische Gefängnis» im Elternhaus. Wenn wir uns in das Traumbild hineinvertiefen, fällt uns auf, daß der Traum zwischen einem Fest mit vielen Leuten im Garten der Eltern und der Liebesvereinigung außerhalb der Mauern in freier Natur unterscheidet. Die Liebe wird mit dem ausgewanderten Onkel ausprobiert, wie seinerzeit in der Jugend die sexuellen Phantasien um diesen Onkel kreisten. Was einst Phantasie war, wird im Traum zu einer beglückenden Erfahrung. Dabei läßt sich die Klientin nicht mehr wie früher von der zwei Jahre älteren Schwester stören. Aus dem Kommentar der Beraterin geht bereits hervor, daß die Schwester in diesem Traum den unbewußten und störenden Schattenanteil der Träumerin selber darstellt. Die Klientin läßt sich nicht mehr durch die introjizierten Familienmitglieder von der Liebe abhalten. Sie läßt sich jetzt nicht mehr davon leiten, ob den anderen gefällt, was sie tut, sondern sie tut, was sie will und was ihr Freude macht.

Abschließend ist zu fragen, ob der Austausch von Zärtlichkeiten und die Liebesvereinigung mit dem Onkel nicht ein Bild für den Inzest mit dem Vater ist. Im Rahmen der psychoanalytischen Sexualhypothese könnte das wohl so gesehen werden. Da der Traum jedoch nicht die personalistische Einengung auf den Vater nahelegt, verstehen wir das Bild nicht konkretistisch, sondern symbolisch. Symbolpsychologisch betrachtet ist die Liebesszene ein Vorspiel zur Vereinigung der Gegensätze in sich selber. Die Sexualität als Symbol für die Selbstverwirklichung zeigt in dem vorliegenden Bild die Beziehung und Vereinigung mit dem Animus in der Klientin. Diese Erfahrung ist ein Mosaiksteinchen im umfassenden Selbstbild der Klientin. Daß die Individuation hiermit nicht perfekt geworden ist, versteht sich von selbst.

Träume in der Paarberatung

Animus und Anima in den Träumen

In meinen Paarberatungen hat sich die Einbeziehung von Träumen oft als hilfreich erwiesen. Die Träume bilden in ihren Bildern die Beziehungen der Partner und deren Störungen ab. Während das Ich-Bewußtsein nur die offensichtlichen Schwierigkeiten erkennt, offenbart die Psyche in den Träumen auch die verborgenen Konflikte und Komplexe. Die Partnerschaftskonflikte werden in den Träumen ins Bild gesetzt. Während wir im realen Leben oft anders erscheinen möchten, als wir in Wirklichkeit sind, zeigen uns die Träume die verborgene und andere Seite unseres Wesens. Besonders beeindruckt hat mich in den Paarberatungen, wie die Traumsymbole dazu animieren können, daß zerstrittene Partner wieder zueinanderfinden, sich versöhnen oder für sie wichtige Entscheidungen treffen können. Meine Erfahrungen werden ergänzt und bestätigt durch K.H. Mandel, der über die Traumarbeit mit Ehepaaren berichtet (Dialog, S.205):
«Wenn ein liebendes Paar sich erst wieder mit Hilfe von Symbolen verstehen, im Dialog über selbst hervorgebrachte Bilder versöhnen und beschenken kann, dann hat es zu jenem tragenden Grund zurückgefunden, der gleichermaßen Ursprung und Ziel ihrer Begegnung als Mann und Frau war und sein wird. Das Zueinanderfinden in der Sprache der Bilder bedarf dann keiner erklärenden Worte, keiner Deklarationen, auch keiner helfenden Interpretationen seitens des Therapeuten mehr. Es spricht aus sich selbst, entbindet selbst die Kraft der Heilung.»
Für die Arbeit mit Träumen in der Paarberatung nenne ich vorab folgenden konzeptionellen Rahmen:

– Die Einbeziehung von Träumen ergänzt die Beratungsarbeit mit den bewußten Konflikten. Was die Ratsuchenden und der Berater bisher noch nicht gesehen haben, können die Träume an den Tag bringen. Die unzähligen Anpassungen und ein neurotisches Arrangement der Partner können die Träume aufdecken.
– Während die psychischen Kräfte in den oft «heißen» Partnerschaftskonflikten oft sinnlos verzehrt werden, können die in den Bildern und Symbolen der Träume enthaltenen Energien zu den notwendigen Konfliktlösungen entbunden werden.
– Die Bildersprache der Träume enthält verschlüsselt oder offensichtlich die Partnerschaftskonflikte und/oder die Beziehungsschwierigkeiten, die jeder mit sich selber und seiner Umwelt hat. Die Sprache der Träume kann man durch einen meditativen Umgang verstehen lernen, indem man die Bilder betrachtet und sich in die ihnen eigene Bewegung und Psychodynamik vertieft.
Die Träume können im Streit der Partner versöhnlich wirken. Während ein streitsüchtiger oder rechthaberischer Partner sich kaum von den besseren Argumenten des anderen überzeugen läßt, können seine eigenen Träume eine überzeugende Wirkung haben und ihn eines Besseren belehren.
Die Beziehungsschwierigkeiten in den Partnerschaftskonflikten stehen oft im Zusammenhang mit den gestörten Beziehungen zu sich selbst. Dies neue Zueinanderfinden der Partner wird von der Seele durch die Träume unterstützt. Die in den Träumen erscheinenden Seelenbilder, die die Beziehung zu sich selbst widerspiegeln, werden in der analytischen Psychologie von C.G. Jung als «Animus und Anima» bezeichnet. Die Anima stellt die Gefühlsseite im Mann dar. Wenn die Gefühle vernachlässigt werden, kann sich die Anima zum Beispiel in Verstimmungen und Launenhaftigkeit äußern. Bei dem zweiten Fallbeispiel im Kapitel «Neue Beziehungen durch Träume» wird gezeigt, wie Herr K. von einer Frau/Anima träumt, die ihn zum Liebesspiel animiert.
Ähnlich erging es Frau K. mit dem Bewußtwerden ihrer Animusseite. Die Bilder des ersten Traumes zu Beginn der Beratung

lassen erkennen, wie im Seelenbild von Frau K. Anteile des Vaters, ihres Mannes und ihres Sohnes miteinander verwoben sind. Durch den verwöhnenden Vater, der als Kapitän seine einzige Tochter gerne mit auf große Fahrt nahm, aber sonst durch seine häufige Abwesenheit wenig erzieherischen Einfluß auf die Tochter hatte, entstanden in ihr illusionäre Wünsche und Ansprüche an ihren Mann. Er sollte ihr stets seine ungeteilte Aufmerksamkeit zuwenden, oder wie es im Traum dargestellt wird, «ganz Auge und Ohr für sie sein». Ein weiterer Anteil ihres Animus trägt Wesensmerkmale von ihrem Sohn. Dieses Bild will sagen, daß der Animus von Frau K. noch kindliche Wesensmerkmale enthält.

Die weitere Entfaltung der Persönlichkeit von Frau K. sowie die neuen Beziehungsmöglichkeiten durch Träume werden aus den folgenden Kapiteln ersichtlich. Die vielseitigen und vielschichtigen Wechselbeziehungen mit Hilfe der Träume werden in dem folgenden Modell verdeutlicht. Die Pfeile in dem Modell weisen auf die Beziehungen zu sich selbst, zum Partner und zum Berater hin. Was hier statisch erscheint, wird in der Beziehung und der seelischen Erfahrung zu einer fließenden Bewegung und zu einer lebendigen Begegnung.

Ich verwende in dem Modell zur Verdeutlichung der vielschichtigen Wechselbeziehungen zwischen allen Beteiligten die weithin bekannte östliche Symbolik von Yang und Yin. Die Symbolik besagt, daß im Leben von Frau K. (im Modell Buchstabe A) auch gegengeschlechtliche Lebensqualitäten und Erlebensweisen wirksam sind, die teils bewußt und zum größten Teil unbewußt die Beziehung zu sich selbst (A↔A1) und zwischen den Partnern beeinflussen. Analog dazu wird auch Herr K. von den seelischen Kräften seiner Anima bewegt und/oder verstimmt (B↔B2). Die weiteren Pfeile zeigen die vielschichtigen Wechselbeziehungen zwischen den Partnern an (A↔B / B2 und umgekehrt).

Der Berater (C) und der Traum (D) sind in unserem Modell nur um der Übersichtlichkeit willen unter dem Beziehungsmodell des Paares angeordnet worden. In der Praxis der Beratung

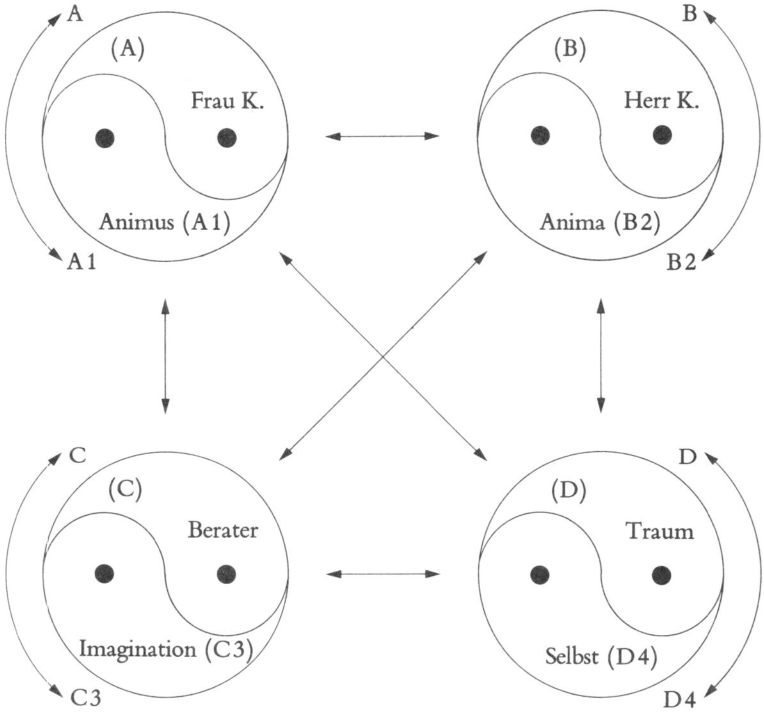

haben C und D eine vermittelnde und informatorische Funktion zwischen den Partnern. Wir können die Funktion des Beraters auch als «Hilfs-Ich» des Ratsuchenden bezeichnen. Während einer Lebens- oder Ehekrise unterstützt der Berater mit seinem geschulten Einfühlungsvermögen die Suche nach Lösungsmöglichkeiten. Das bildhafte Denken, die Phantasie und die Imagination sind weitere Hilfen, die Interaktionen und die Beziehungsschwierigkeiten eines Paares in ihrer Komplexität zu sehen.

Die Einbeziehung des Beraters in die Paarbeziehung erweitert die Interaktion von Frau und Herrn K. zu einer «Triangulation». Diese Dreiecksbeziehung verstrickt den Berater in eine vielschichtige und komplexe Triangulationsdynamik. Die verschiedenartigsten seelischen Kräfte, die die Beziehungen des

Paares stören und beeinträchtigen (wie z.B. bewußte und unbewußte Aggressionen, Eifersucht, Minderwertigkeitsgefühle u.a.), werden teilweise oder recht heftig auf den Berater übertragen. Da der Berater auch seine «blinden Flecken» und bestimmte Komplexe hat, ist mit ein wenig Phantasie vorstellbar, wie die Psychodynamik in der Dreiecksbeziehung virulent wird. Die Wirksamkeit der seelischen Kräfte in dieser Beziehung wird Triangulationsdynamik genannt.

Da die Psychodynamik nicht nur in den Interaktionen wirksam ist, sondern auch die Triebfeder für die Imaginationen und Phantasien bildet, offenbaren die Träume die verborgenen Motivationen. Wie ein Röntgenbild einen Knochenbruch oder einen inneren Krankheitsherd sichtbar macht, so zeigen die Bilder der Träume die Bruchstellen in den Interaktionen und die verborgenen Schwierigkeiten. Neben der diagnostischen Funktion habe ich bereits mehrfach die Träume als Ratgeber beschrieben. Besonders in der Paarberatung gibt es durch die Einbeziehung von Träumen interessante Aufschlüsse darüber, wie gleiche Erlebnisse vom Unbewußten des einen und des anderen Partners reflektiert werden.

Abschließend möchte ich meine Überzeugung zum Ausdruck bringen, daß die weitere Erforschung der Traumpsychologie für die Theoriebildung und Weiterentwicklung der Beratungskonzepte von größter Bedeutung sind. Die Psyche ist ein sich selber regulierendes System in jedem Menschen. Genauso müßten wir sagen, daß es ein «offenes System» ist, das die vielfältigsten Erlebnisse registriert, reflektiert und in den Traumbildern Lösungen entwirft.

Ehekrise als Chance
– Beitrag von Renate Besthorn –

Bei der folgenden Paarberatung handelt es sich um das Ehepaar M. Arnold M., 31, Physiker in der Forschungsstelle eines Konzerns, und Carola M., 27, Lehrerin an einer Grundschule. Das

Ehepaar ist seit drei Jahren verheiratet. Keine Kinder. Grund für die Anmeldung in der Eheberatungsstelle: Die Ehe befindet sich in einer Krise.

Frau M. ist eine schlanke, reizvolle Frau mit kurzem dunklem Lockenkopf und ausdrucksvollen Gesichtszügen. Sie scheint von Natur lebhaft und kontaktfreudig, wirkt jetzt aber ziemlich mitgenommen. Herr M. macht einen ernsthaften, zurückhaltenden Eindruck, er ist schmal, blond und verhalten im Sprechen und in seinen Bewegungen. Er trägt eine ziemlich starke Brille.

Die Beschreibung der Konfliktsituation ergibt, daß Frau M. seit dem Tode ihres Großvaters vor etwa einem halben Jahr aus einer anhaltenden Trauerstimmung nicht herausfindet. Sie ist mutlos und lustlos und kommt auf eine ihr unerklärliche Weise nicht über den Verlust hinweg. Sie erlebt sich dabei alleingelassen von ihrem Mann, der anfangs alles getan hat, um sie zu trösten und aufzurichten, zumal ihm der alte Herr auch viel bedeutet hat. Aber er meint, sie müßten nun wieder zur Ruhe und ins Gleichgewicht kommen. Daß seine Frau das offenbar nicht schafft, irritiert ihn, und er versteht mittlerweile nicht mehr, was in ihr vorgeht. Außerdem steckt er selbst mitten in einem Forschungsprojekt, von dem viel für ihn abhängt, die Arbeit fesselt ihn sehr, und er hat keine Kräfte frei, um sich dem Erleben seiner Frau noch zuzuwenden. Sie spürt seinen Rückzug und vermeidet es zunehmend, mit ihm über ihre Gefühle zu sprechen. Er denkt, es würde ihr helfen, wenn sie ihren Beruf aufgeben, zu Hause bleiben und sich Ruhe gönnen würde und wenn möglichst bald ein Kind kommen würde. Sie würden dann endlich «eine richtige Familie werden», was sie sich doch beide immer gewünscht hätten. Ihre Abwehr kränkt ihn und ist ihm bisher unbegreiflich geblieben.

Vor kurzem hat nun Frau M. nach einigen Andeutungen, die er nicht aufgenommen hatte, ihrem Mann unter Tränen gestanden, daß sie sich zunehmend zu einem älteren Kollegen hingezogen fühlt, der – selbst noch nicht lange verwitwet – ihre Veränderung mit Sorge beobachtet hat und sich bemüht, ihr zu helfen. Er weiß, wie es ist, wenn man einen nahen Menschen verloren hat, geht geduldig und rücksichtsvoll auf sie ein, und die Gespräche mit ihm tun ihr gut. Sie fühlt sich geborgen in seiner Gegenwart; was sie aber gleichzeitig ängstigt, weil sie ihre Ehe dadurch gefährdet sieht, ohne daß der Kollege oder gar sie selbst das wollen.

Für Herrn M. ist diese Eröffnung ein tiefer Schock gewesen, er versteht nicht, wie es so weit hat kommen können und verfällt immer mehr in ratloses Grübeln. Er hängt an seiner Frau, kann jetzt in seiner eigenen Betroffenheit auch ihre Bedrängnis wieder ernst nehmen, weiß aber sich und ihr nicht zu helfen.

Frau M. ist daraufhin zu ihrer Mutter gefahren, die sie bisher mit ihren Problemen hatte verschonen wollen. Die Mutter hat mit dem Hilferuf der Tochter so verständnisvoll und gleichzeitig besonnen umgehen können, wie Frau M. es nicht erwartet hatte. Offenbar kam manches für sie nicht ganz unerwartet, und es ist ihr gelungen, Frau M. zu ermutigen, sich an eine Beratungsstelle zu wenden, um dort mit ihrem Mann gemeinsam einen Weg aus der Krise zu suchen. Für Herrn M. zunächst ein überraschender Vorschlag, der anscheinend das Gespräch zwischen den beiden erstmals wieder angeregt hat, so daß es mit Herrn M.s Zustimmung zu der Beratung kommen konnte.

Mein erster Eindruck bei der Begegnung mit dem Ehepaar M. ist von Sympathie bestimmt und von dem Gefühl, sie seien «zur rechten Zeit» gekommen. Im Verlaufe des Gesprächs fällt mir auf, daß beide nicht nur zu mir sprechen, sondern sich auch einander zuwenden, sich gegenseitig fragen und Antwort geben. Beide bringen neben mancherlei Anklagen und Irritation am Verhalten des andern den Wunsch nach Klärung zum Ausdruck, wobei es Carola M. sichtlich leichter fällt, sich zu öffnen, als ihrem Mann.

Gegen Ende der Stunde frage ich M.s im Zusammenhang mit der Überlegung, daß ihnen beiden an ihrem eigenen Erleben vieles undurchschaubar sei und die Probleme ihrer Ehe ja auch gegen ihrer beider bewußte Absicht so aufgelaufen wären, ob sie schon einmal erlebt hätten, daß ein Traum sie nach dem Aufwachen noch so oder so beschäftigt hätte? Carola M. sagt, sie habe früher oft geträumt, meistens fröhliche Sachen, auch an Fliegen im Traum könne sie sich erinnern. Ob das eine Bedeutung hätte? Er schaut mich schweigend und nachdenklich an. Ich erkläre, daß Träume als Ausdruck unbewußter Anteile uns oft etwas mitzuteilen hätten, was zum Verstehen einer Krisenentwicklung und zu neuen Einsichten und Kräften verhelfen könnte. Ich wollte sie deshalb bitten, etwa auftauchende und im Gedächtnis bleibende Träume in der nächsten Zeit aufzuschreiben, möglichst mit Datum und einer kurzen Erinnerung an den vorhergehenden Tag, weil das Hinweise für das Verständnis des Traumgeschehens geben könnte. Als M.s gehen, meine ich zu spüren, daß bei und zwischen ihnen einiges in Bewegung gekommen ist.

Da der weitere Verlauf des Beratungsprozesses vorwiegend im Zusammenhang mit einigen bedeutsam gewordenen Träumen dargestellt werden soll, nehme ich die Lebensgeschichte der beiden Partner, wie sie sich aus einer ganzen Reihe von Gesprächen nach und nach ergeben hat, zusammengefaßt vorweg.

Carola M. ist im Hause der Großeltern aufgewachsen. Der Vater, der fast zehn Jahre älter war als die Mutter, ist bei einem Verkehrsunfall umgekommen, ehe seine kleine Tochter ein Jahr alt war. Er unterrichtete naturwissenschaftliche Fächer an einem Gymnasium, und das Bild, das Frau M. von ihm hat, ist das eines klugen, überlegenen Mannes, der in der Schule beliebt war und seine Frau auf Händen getragen hat. Die Mutter, die vor ihrer Heirat Krankenschwester gewesen war, ist nach dem Tode des Mannes mit ihrem Kind in ihr Elternhaus zurückgekehrt, wo beide nun ihre Heimat hatten. Sie nahm ihren Beruf wieder auf und arbeitete in einem Krankenhaus. Carola M. empfand ihre berufstätige Mutter eher wie eine große Schwester, sie seien alle «wie eine große Familie gewesen».

Der Großvater war Arzt mit einer großen Praxis, ein ruhiger, väterlicher Mann. Er sei unermüdlich für seine vielen Patienten dagewesen, ebenso wie für jeden in der Familie, deren Mittelpunkt er war. Die Großmutter schildert Carola M. als eine lie-

bevolle, unkomplizierte Frau, die in dem gemütlichen alten Haus mit großem Garten für alle sorgte. Carola M. hatte von klein auf zahlreiche Kontakte durch die Praxis des Großvaters und wuchs in der kleinen Stadt als Enkelin des Doktors in einem vielfältigen Beziehungsfeld auf. Sie entdeckte in den kirchlichen Jugendgruppen, wo sie mit Freude mitarbeitete, früh ihr Geschick im Umgang mit Kindern und studierte nach der problemlos verlaufenen Schulzeit an einer Pädagogischen Hochschule, um Lehrerin zu werden. Die von der Familie übermittelten Vorstellungen vom Vater als Lieblingslehrer seiner Schüler hat zweifellos ihre Berufswahl mitbestimmt. In einem studentischen Gesprächskreis hat sie dann ihren jetzigen Mann getroffen. Seine ausgeglichene Art habe sie an den Großvater erinnert, sein Wissen habe sie beeindruckt, und er sei so viel reifer gewesen als ihre jungen Studienfreunde. Die beiden verlobten sich, und diese Feier sei das letzte schöne Familienfest gewesen.
Im zweiten Studienjahr ist zu Hause eine traurige Veränderung vor sich gegangen. Die Großmutter erkrankte an Krebs, die Mutter gab ihre Stellung auf und übernahm die Pflege und den Haushalt. In dieser Zeit habe Carola M. sich um so enger an Arnold angeschlossen und viel Halt an ihm gehabt. Nach dem Tod der Großmutter blieb die Mutter beim Großvater, der seine Praxis immer mehr einschränken und schließlich aufgeben mußte, weil sein Augenlicht nachließ. Er sei zuletzt fast blind gewesen, aber bis zum Ende eine wunderbare Persönlichkeit. Die Mutter lebt jetzt allein in dem lieben alten Haus. Sie sei sehr erschöpft gewesen nach der Beerdigung, und Carola M. erinnert sich, daß die Mutter einmal gesagt habe, sie würde jetzt Zeit brauchen, um sich auf sich selbst zu besinnen.
Arnold M. stammt aus einer Handwerkerfamilie. Der Vater ist Schreinermeister mit einem eigenen Betrieb, ein geachteter Mann in seinem Dorf. Die Mutter sei still und immer ausgleichend, sie arbeite vom Morgen bis zum Abend im Haus und im Garten, helfe auch im Geschäft, und Arnold M. kann sich nicht erinnern, sie untätig gesehen zu haben. Beide Eltern halten zu

ihrer Ortsgemeinde, der Vater ist im Presbyterium, und in Arnold M.s Elternhaus ist Fleiß und Gottesfurcht der Maßstab des Lebens.
Es erwies sich bald, daß der Sohn wenig handwerkliches Geschick und Interesse zeigte, aber ein guter Schüler war und jedes erreichbare Buch verschlang. Der Vater habe sich mit dieser Art des Sohnes zunächst schwer abfinden können, aber die Mutter sei für ihn eingetreten und habe den Vater bewogen, mit dem Pfarrer zu sprechen, der den Eltern riet, den begabten Jungen auf ein Gymnasium in der Stadt zu schicken. Arnold M. sieht noch vor sich, wie die Eltern ihm diese Entscheidung feierlich mitgeteilt haben. Die verpflichtende Erwartung des Vaters und die schlichte Gewißheit der Mutter, daß der Sohn die Erlaubnis zum Lernen und Studieren gut und fleißig nutzen würde, habe ihn seine ganze Schul- und Studienzeit hindurch begleitet und angespornt. Die Eltern hätten es ja beide gut mit ihm gemeint, aber er habe doch gewußt, wie hart es den Vater angekommen sei, daß der Sohn sein Handwerk nicht lernen und die väterliche Schreinerei eines Tages in fremde Hände übergehen würde.
Die Eltern hatten insgeheim gehofft, daß der Sohn vielleicht Pfarrer werden würde, aber nachdem durch einen Lehrer sein Interesse für die Naturwissenschaften geweckt worden war und er mit diesem klugen und vielseitigen Mann näher in Kontakt kam, entfernte er sich innerlich von der einfachen Frömmigkeit seiner Eltern. Er entschloß sich zum Physikstudium, wozu der Vater nur schweren Herzens seine Zustimmung gegeben, die Mutter aber gemeint habe, der Sohn «werde schon alles recht machen».
Die Begegnung mit seiner Frau war für Arnold M. ein entscheidendes Erlebnis. Mit ihrem fröhlichen Temperament und ihren vielen Einfällen habe sie sein Leben völlig verändert, und im Hause der Großeltern sei er so herzlich aufgenommen worden, wie er es vorher noch nirgendwo erfahren habe. Die gemeinsam getragene Krankheitszeit und der Tod der Großmutter habe sie dann alle um so mehr miteinander verbunden.
Carola und Arnold M. heirateten nach ihrem Examen. Sie fan-

den, daß sie sich in ihrem Zusammenleben auf glückliche Weise ergänzten. Carola M. fühlte sich aufgehoben bei ihrem Mann und hatte immer einen aufmerksamen Zuhörer, ihre Lebendigkeit regte ihn an, und sie wiederum empfand ihn als ruhenden Pol. Beide erlebten zudem in ihrem Beruf Befriedigung. Carola M. war erfüllt von den Erfahrungen und Anforderungen in der Schule und ließ ihren Mann durch anschauliche Erzählungen daran teilhaben. Arnold M. war mehr und mehr von seiner wissenschaftlichen Arbeit fasziniert und lebte sich in eine für ihn neue Welt ein.

Er fand sich allerdings in seiner Forschungsabteilung mit einem Vorgesetzten konfrontiert, dem gegenüber er sich nur schwer behaupten konnte, was ihn insgeheim mehr verunsicherte, als er sich selbst eingestand. Das bedingungslose Zutrauen seiner Frau in seine Person und in seine Fähigkeiten bestätigte ihn zwar in seinem Selbstvertrauen, aber er begann zu ahnen, daß sie ihn für stärker und sicherer hielt, als er sich selbst gelegentlich erfuhr.

Seit es mit Carola M.s Großvater zu Ende ging, schob sich dieses Geschehen und dann sein Tod in den Mittelpunkt ihres gemeinsamen Erlebens. Wobei Carola M. allerdings empfand, daß sie sich nicht wie früher bei ihrem Mann «richtig ausweinen» konnte. Er beschwichtigte sie eher, als daß er sie verstand. Als seine Frau nach Wochen noch nicht aus ihrer depressiven Stimmung herausgefunden hatte, verlor Arnold M. unter dem Druck der täglichen beruflichen Bewährungssituation langsam den Zugang zu ihrem veränderten Wesen. Zu dieser Zeit bot sich ein neues Forschungsprojekt an, das seine Position dem Vorgesetzten gegenüber stärkte, er fand Bestätigung und Befriedigung in dem neuen Wirkungskreis, stürzte sich in die Arbeit und ging ganz darin auf.

Die Krisensignale seiner Frau, die ihn erreichten, deutete er als Zeichen von Erschöpfung, die sie am ehesten überwinden würde, wenn sie nicht mehr arbeiten müßte und ein Kind ihr die Lebensfreude und ihnen beiden die alte Gemeinsamkeit wiederbringen würde. Auf die wiederholt geäußerten Gedanken antwortete Carola M. dann mit dem Geständnis, das durch die ausgelöste Erschütterung schließlich zur Beratung führte.

Zur zweiten Beratungsstunde hat Carola M. einen Traum aus der letzten Nacht aufgeschrieben. Sie möchte ihn von sich aus lieber erzählen als vorlesen:

«Ich sitze in einem Zug, um nach Hause zu fahren, wie zur Zeit meines Studiums. Der Zug hält aber nicht, als ich aussteigen will. Auf dem Bahnsteig sehe ich die Großeltern stehen und winken. Auch andere Menschen, die ich aus meiner Kindheit kenne, erwarten mich. Ich suche verzweifelt nach der Notbremse, aber sie ist kaputt, und der Zug rast weiter. Ich weine und fühle mich von allen verlassen. Plötzlich steht der Schaffner vor mir und erklärt, meine Fahrkarte müsse umgetauscht werden. ‹Ich will aber nach Hause!› schreie ich. ‹Wir werden eine andere Strecke fahren. Sie brauchen keine Notbremse›, sagt er.»

Damit sei sie aufgewacht. Carola M.s Schilderung klingt, wie wenn es ein reales Erlebnis wäre, und sie sagt, daß sie auch so empfinde, als ob sie noch machtlos ausgeliefert in dem Zuge säße. Sie ist so stark bewegt, daß es sich von selbst ergibt, ihre Traumerzählung unmittelbar als ihre Geschichte anzuschauen: Die Sehnsucht, wieder als junges Mädchen in ein behütetes Zuhause unter vertraute Menschen zu kommen, die Trauer über die verhinderte Erfüllung, – «Nie wieder wird es so», sagt sie bedrückt, «ich weiß es ja!» – das Gefühl des Verlassenseins angesichts der Erfahrung, daß immer wieder geliebte Menschen sterben und «auf dem Bahnsteig zurückbleiben», und die kaputte Notbremse, die den Zug nicht anhalten kann.

Arnold M. spricht zunächst nicht mit, ist aber deutlich mit hineingenommen in die «dichte» Atmosphäre des Besprochenen. «Vielleicht kannst du aber auch die andere Strecke fahren?», sagt er dann ganz unvermittelt. Carola M. sieht ihn erstaunt an. «Wie meinst du das?» – «Dein Schaffner hat doch gesagt, daß du keine Notbremse brauchst», antwortet er zu meiner Verblüffung, «war es nicht so?» Sie ist durch die Beteiligung ihres Mannes etwas aus ihrer trüben Stimmung herausgeholt, und

wir stellen fest, daß der Schaffner sich seiner Sache sicher scheint – vielleicht hat er Gründe dafür?
Arnold M. spricht dann nach einer Schweigepause davon, daß ihm bei unserem ersten Gespräch etwas eingefallen sei – zwar kein richtiger Traum, wie der seiner Frau, aber es habe ihn bis heute weiter beschäftigt. In einem Traumablauf, von dem er sonst nichts weiter wisse, sei ihm aufgetragen worden, eine bestimmte Forschungsaufgabe zu lösen. Trotz langem Grübeln sei er aber nicht dahintergekommen, um welche Art von Aufgabe es sich gehandelt habe. – Ich sei der festen Überzeugung, daß er dazu sicher noch etwas erfahren würde, sage ich zum Abschluß.
Als Arnold M. in der dritten Stunde ein beschriebenes Blatt herausholt, meint er leise lächelnd: «Ich habe meine ‹Forschungsaufgabe› bekommen.» Er liest vor:
«Meine Standuhr muß repariert werden. Es ist eine ganz besondere Uhr. Sie zeigt außer der Zeit auch alle wichtigen Ereignisse des Lebens an. Dabei ist etwas kaputt gegangen. Jetzt zählt sie nur noch die Stunden, wie jede andere Uhr auch. Aber das genügt mir nicht. Ich muß vorsichtig herausfinden, wie in dem feinen Werk alles ineinandergreift, damit ich sie wieder in Gang setzen kann. Im Innern finde ich verschiedene kleine Figuren, die ich mir anschaue. Wenn die Uhr wieder heil ist, werden sie sich bewegen. Aber es ist noch nicht soweit.»
Am Vortag hatte Arnold M. eine alte Taschenuhr aus seiner Schulzeit in der Hand gehabt. Während er sie aufzog und ihrem Ticken lauschte, waren Erinnerungen in ihm aufgestiegen, denen er sich lange überlassen hatte: Vater, Mutter, Kindheitserlebnisse, die Begegnung mit seiner Frau und die Zeit der wachsenden Krise. Er deutet diesen Zusammenhang nur an, möchte aber sichtlich jetzt nicht darüber sprechen. Er beschreibt dann sehr beteiligt die Traumuhr in vielen Einzelheiten, die der gelesene Text nicht enthielt, die aber den Eindruck des Geheimnisvollen und Verborgenen verstärken.
Die Stimmung der Stunde ist völlig anders als bei der Besprechung von Carola M.s Traum, was sie mit den Worten: «Bei dir ist alles anders. Ich sitze im Zug, und es ist alles sehr traurig

und aufregend – und du schaust für dich allein in eine Wunderuhr», zum Ausdruck bringt. «Man kann auch sagen, du fährst weg und willst einfach zurück nach Hause, und ich versuche, meine Uhr zu erforschen.» Beide haben spontan eine wesentliche Polarität ihrer Träume erfaßt.
Die Geschichten dieser beiden Träume und die einzelnen Bildelemente tauchen in der folgenden Zeit immer wieder in unseren Gesprächen auf, werden zu aktuellen Erfahrungen in Beziehung gesetzt und regen zu neuen Einfällen an. Allmählich erweitert sich der Aspekt der Traumbetrachtung von der Beschreibung einer inneren Konfliktsituation – «In diesen Bildern und Abläufen drückt sich aus, wie es gerade in mir aussieht» – zum Entwicklungsanstoß oder Auftrag – «Die andere Strecke wagen», «Die Uhr heil machen» – bis zur Erkenntnis, daß alle diese Gestalten und Objekte Ausdruck von Kräften und Anteilen in der eigenen Person sind: «Dies alles bin ich. Dies alles wirkt in mir.»
In der Entsprechung zu ihren Träumen, das heißt der darin ins Bild gesetzten Bezogenheit auf die eigene innere Problematik, machen Carola und Arnold M. zunächst eine Phase der Distanz zueinander durch. Sie bleiben zwar durch die zu dritt weitergeführten Gespräche und die Arbeit an ihren Träumen unter Beteiligung des Partners «im Bilde» und im Kontakt, dennoch ist jeder stark mit sich selbst beschäftigt, und Carola M.s Freund steht noch zwischen ihnen.
Für Carola M. steht die Auseinandersetzung mit ihren Verlassenheitsängsten, ihren Fluchtbedürfnissen in die behütete Kindheit und ihren Geborgenheitswünschen bei dem verständnisvollen Freund im Vordergrund. Sie klammert sich in regressiver Weise an ihn, obwohl er – erschrocken über die Ehekrise – ihr anbietet, die Kontakte abzubrechen.
Sie träumt in dieser Zeit, daß sie sich in einem dunklen, unheimlichen Wald verlaufen habe, wo sie sich vor wilden Tieren fürchtet und laut um Hilfe ruft. Sie glaubt, einen alten Mann zu entdecken, aber bei näherem Zusehen ist es ein mächtiger Baumstamm, an den sie sich zitternd anlehnt. Dann stehen

plötzlich zwei Männer vor ihr, die sie nach dem Weg fragt, aber die beiden geben keine Antwort und verschwinden im Dunkel. Sie gerät in Panik und läuft endlich aufs Geratewohl weiter. Im Laufen habe merkwürdigerweise die Angst nachgelassen, und sie sei mit dem Gefühl aufgewacht, einen Weg unter den Füßen zu spüren.

In diesem Traum, in dem sie sowohl das Verirrtsein im Dunkel ihrer Angst wie auch die vergebliche Erwartung der Hilfe durch die Vatergestalten erfährt, taucht die Furcht vor der Begegnung mit den Triebkräften, die durch die wilden Tiere symbolisiert sind, und die neue Fähigkeit ihres (Traum-)Ichs, sich in letzter Not selbst auf die Suche nach dem Weg zu begeben, zum erstenmal aus dem Unbewußten auf. Der Traum hat sie sehr gepackt. Ihre Phantasien von den Tieren bleiben unbestimmt, während ihr zu dem Wald einfällt, daß hierzulande doch eigentlich aus jedem Wald ein Weg herausführen müsse.

Bald darauf reiste sie nochmals zur Mutter, von der sie jetzt zum erstenmal erfährt, daß sie seit einiger Zeit mit einem Mann befreundet ist, vor dem der Großvater sie gewarnt habe, weil er ihn für einen haltlosen Künstler hielt. Die Mutter habe sich deswegen in einem quälenden Zwiespalt befunden und müsse nun, nachdem ihr Vater nicht mehr da sei, ganz neu anfangen mit sich und ihrem Leben und der Klärung dieser Beziehung. Carola M. reagiert tief betroffen und entdeckt in unseren Gesprächen, wie wenig Gedanken sie sich bisher über die Mutter und deren «Einengung im Paradies», wie die Mutter das einmal nannte, gemacht hat. Sie beginnt, das «Paradies» des Großelternhauses und die Auswirkung der Großvater-Persönlichkeit in einem neuen Licht zu sehen.

Ein Traum von einer merkwürdigen Küche, in der sie nach allerlei Verwicklungen von einer Frau zum Essen eingeladen wird, bringt die «Entdeckung» der Mutter und die innere Begegnung mit dem Bereich des Weiblichen zum Ausdruck. Ihre Depressivität weicht langsam, und sie kann sich schließlich endgültig von dem Freund trennen.

Arnold M. erfährt sich im Gefolge des Uhrentraumes und seiner

Erinnerungen und Imaginationen mit der Taschenuhr eine Zeitlang als «weiterlaufendes Uhrwerk, das pünktlich die Zeit mißt», das heißt funktioniert, aber etwas Wesentliches ist «stehengeblieben». Er «zergrübelt sich den Kopf», wie er sagt, «was mit dem Uhrwerk los ist». Es dauert eine Weile, bis er immer deutlicher erkennt, wie die Forderungen und Erwartungen, die er – seiner eigentlichen Natur zwar folgend, aber sie gleichzeitig auch einengend – seit seiner Kinderzeit bis in seine Ehe hinein selbstverständlich erfüllt hat, ihn darauf festgelegt haben, ständig fleißig, klug, ausgeglichen und sicher zu sein. So haben ihn alle gesehen und er sich selbst auch. Aber der Schock, den er durch seine Frau erlebt hat, und die Erfahrung seiner Unterlegenheit dem Vorgesetzten gegenüber haben ihn an sich selber zweifeln lassen. Er spürt eine ihm bisher unbekannte Erbitterung in sich aufsteigen. Wir arbeiten in der Beratung einmal die Botschaften heraus, von denen er sich hat fordern und binden lassen. Der Vater: «Du mußt immer pflichtbewußt lernen und leisten, um zu rechtfertigen, daß du studieren darfst.» Die Mutter: «Du mußt so zuverlässig und ‹recht› sein, wie ich dich sehe.» Die Frau: «Du mußt so beschützend und überlegen sein, wie der Großvater war.» Der Vorgesetzte: «Du mußt soviel können und dich so unterordnen, wie ich es fordere.»

Er träumt:

«In einer Sandgrube sitzt mein kleiner Bruder und spielt. Er hat eine schöne Burg gebaut mit Türmen, Mauern und Terrassen und hat alles mit Holzstückchen und Steinen schön verziert und abgestützt. Ein Wassergraben läuft außen herum, ein kleines Brett ist die Brücke. Er läßt ein Papierschiffchen schwimmen und pustet auf das Wasser, damit das Schiffchen Wind bekommt. Plötzlich sind da eine Menge Leute, die nach ihm rufen. Er duckt sich, damit ihn keiner findet. Da wird er wütend und fängt an, mit Steinen von seiner Burg zu werfen. Die Leute sind erstaunt, daß er sich wehrt. Einige schimpfen. Aber sie sehen, daß er viele Steine hat, und geben auf.»

Arnold M. reagiert stark auf die Begegnung mit diesem kleinen Traumbruder. Die Grube «erkennt er wieder» als die Entsprechung seiner Lebensqualität im Elternhaus. Zu der Burg, die einerseits ein kreatives Werk dieses Kindes und damit ein Zeugnis seiner eigenen schöpferischen Möglichkeiten ist (noch dazu mit Wassergraben, Brücke, Schiffchen und «Puste»!), die andererseits aber auch eine Schutz- und Abwehrkomponente hat und unversehens als «Waffenarsenal» benutzt wird. Ferner fällt ihm ein, wie wenig Raum das Spielen in seiner Kindheit gehabt hat. Am meisten beeindruckt ihn aber, wie der Kleine sich zur Wehr gesetzt hat.

Bald darauf gelingt es ihm bei einer kritischen Auseinandersetzung mit dem Vorgesetzten, seinen Standpunkt durchzuhalten, worauf der autoritäre Mann eher erstaunt als verärgert zu sein schien. Eine wichtige Erfahrung, die Arnold M. zu weiteren «Wagnissen» in dieser Richtung ermutigt. Er gewinnt mehr Freiraum seiner Arbeit gegenüber und verbringt die Abende nicht mehr im Institut.

Auch in der Beziehung zu seinen Eltern riskiert er jetzt Verstimmungen, wenn es darum geht, seine eigenen Ansichten und Entscheidungen zu vertreten.

Carola M. hat die innere Auseinandersetzung ihres Mannes mit steigender Beteiligung erlebt. Sie sieht sich immer eindeutiger mit ihrer eigenen unreflektierten Erwartungshaltung an ihren Mann konfrontiert und bemüht sich, «erwachsener» auf ihn einzugehen und ihre Wünsche nach Zärtlichkeit und Zuflucht seinen Möglichkeiten anzupassen. Das fällt ihr häufig schwer, und sie wird heftig oder läßt sich stimmungsmäßig fallen.

Für Arnold M. ist die wieder erwachende Lebendigkeit seiner Frau sowohl eine Entlastung wie auch ein Stachel. Es wird ihm mehr und mehr bewußt, wie wenig das «spielende Kind» in ihm hat wachsen können, wie schwer es ihm fällt, seine eigenen Gefühle wahrzunehmen und zuzulassen und in welchem Maße er diesen Bereich bisher seiner Frau überlassen hat, von ihr allein Anregung und Bereicherung erwartend – während er einseitig die Rolle des «ruhenden Pols» und des Zuhörers übernommen hat. Langsam lernt er, ihr gegenüber eigene Bedürfnisse und Anliegen zu äußern, Verletzungen nicht mehr hinter scheinba-

rer Gelassenheit zu verbergen und ihr andererseits nicht sofort mit Beschwichtigungen oder Rückzug zu begegnen, wenn sie für ihn zu emotional reagiert.
Durch diesen wechselseitigen Prozeß mit unvermeidlichen Kränkungen und für beide oft schmerzlichen Erfahrungen eigener Schattenanteile kommt es häufiger zu Auseinandersetzungen als in den ersten Ehejahren, und die Beratungsstunden sind jetzt vorwiegend bestimmt von der Bearbeitung aktueller Konfliktsituationen. Beide halten mehr Offenheit aus als bisher, spüren aber auch eine zunehmende tiefe Verbundenheit, und ihre lange erlahmte sexuelle Beziehung wird wieder lebendig und befriedigend.
Im Verlauf dieser Entwicklung begegnet Carola M. in einem Traum, in dem zum erstenmal ihr Mann auftaucht, einer kindischen, rücksichtslosen Frauengestalt, die sie erst nach einiger Überwindung als Spiegelbild ihrer unbewußten Schattenseiten anschauen kann, während Arnold M. durch einen Verfolgungstraum – den ersten und einzigen «wilden» Traum, den er hat –, der ihn in bösartig-aggressiver Aktion zeigt, mit dunklen Impulsen konfrontiert wird, auf die er nicht gefaßt war. Nach bewegten Monaten können Carola und Arnold M. zunehmend zwischen Nähe und Abgrenzung, zwischen Anlehnung und Autonomie ihre Beziehung gestalten und ihre Gegensätzlichkeiten und Ergänzungen nicht nur als Konfliktquelle, sondern auch als Chance erleben.
Ein Traum von Arnold M. in den letzten Wochen der Beratung macht die innere Veränderung seiner Seelenlage anschaulich:
«Ich habe meinen Wagen zur Inspektion gebracht. Die Gangschaltung war nicht in Ordnung. Nachdem die Störung behoben ist, sagt mir der Werkstattleiter, daß der Wagen jetzt anders gefahren werden muß, als ich es bisher gewohnt war. Ich weiß nicht, was ich mit diesem Rat anfangen soll. Da taucht eine junge Frau auf. Sie ist für die Unterweisung zuständig. Ich wundere mich darüber, aber sie gefällt mir, und ich beschließe, von ihr zu lernen. Ich bin am Steuer, sie sitzt neben mir und

zeigt mir eine ganz neue Fahrweise, die mich sehr überrascht. Ich kann es kaum glauben, daß dies mein Wagen ist. Die junge Frau gibt mir ein Zeichen, wenn ich noch ungeschickt bin, aber ich kann mich immer besser auf ihren Stil einstellen. Wir fahren durch eine Landschaft mit Feldern und Wiesen und sind uns einig.»

Carola M.s letzter Traum unmittelbar vor dem letzten Gespräch ist unser Schlußbild:

«Ich komme in ein Haus, in dem wir wohnen können. Es hat genügend Räume und ist ganz für unsere Bedürfnisse eingerichtet. Der Mann, der das Haus verwaltet und die Schlüssel hat, führt mich überall herum. Er macht mich darauf aufmerksam, daß wir auch die Vögel füttern müssen, wenn wir einziehen wollen. Ich bin dann im Keller, wo es nach Äpfeln riecht. Ich möchte mir welche holen, aber da sehe ich einen großen Webstuhl, der mich interessiert. Ein wunderschöner bunter Teppich ist angefangen, ich bin ganz begeistert von dem Muster und beschließe, den Hausverwalter zu fragen, wer ihn weiterweben kann.»

Diesen Träumen war real gesehen eine größere Reparatur an M.s Wagen vorausgegangen, und sie befanden sich tatsächlich auf der Suche nach einer neuen Wohnung oder lieber einem kleinen Haus. Äußere Anlässe und innere Bereitschaften wirken zusammen. Carola und Arnold M. haben inzwischen soviel Erfahrung im Umgang mit ihren Träumen gewonnen, daß die Bilder unmittelbar zu ihnen sprechen.

Wir haben bei der Betrachtung ihrer Träume und auch in der Arbeit an ihren bewußten Problemen psychologische Begriffe, wie etwa hier beim deutlichen Bezug zur Funktion von Anima und Animus, nur selten und dann quasi als zusammenfassende Chiffre für bereits erlebte Vorgänge und Zusammenhänge verwendet. Das gilt in gleicher Weise für die Sprache und Bedeutung der Symbole und für die Zuordnung von Carola M. zum extravertierten Fühltyp und dem eindeutigen Vorrang des introvertierten Denkens bei Arnold M. mit all den sich wiederholdenden Verhaltens- und Erlebensweisen und ihren Konsequenzen für den Umgang mit- und das Verständnis füreinander. Beide haben genügend intuitive Möglichkeiten für diese Art des Arbeitens. Der Weg von Carola M.s Flucht «zurück nach Hause» hat sie bis zu dem «Haus» geführt, «in dem sie wohnen können», das heißt, in dem beide ihre individuelle Persönlichkeit und ihre Ehe leben und entfalten können. Arnold M. hat die «Wunderuhr» seines Eingangstraumes offensichtlich wieder so in Gang setzen können, daß die «wichtigen Ereignisse des Lebens» bewußt erfahren werden und die inneren «Figuren» in Bewegung bleiben. *Er* übt «eine neue Fahrweise» ein, und *ihr* «Teppich» wird weitergewebt werden. Das zu Anfang der Krise von Arnold M. gewünschte Kind, das stellvertretend neues Leben bringen sollte für ihre Ehe, kann nun von beiden gewollt werden.

Neue Beziehungen durch Träume

Ich werde von einem Paar in der Lebensmitte wegen dessen Beziehungsschwierigkeiten aufgesucht. Die Initiative zu dieser Paarberatung ging vor allem von der 42jährigen Frau aus. Der gleichaltrige Mann kam bereitwillig mit und war bereit, an den Eheproblemen zu arbeiten. Er wirkte auf den Berater nicht so initiativ wie die Ehefrau, sondern eher depressiv und erschöpft.
Die Frau ergriff als erste das Wort und klagte darüber, daß die ehelichen und partnerschaftlichen Beziehungen in den letzten Jahren immer schwieriger geworden seien. Ihr Mann habe sich aus der Familie und der Ehe zusehends zurückgezogen und gehe ganz in seiner wissenschaftlichen Arbeit auf. Von ihr wolle er nur Sex im Bett, während er sonst wenig Zärtlichkeiten und warmherzige Liebe zeige. Sein sexuelles Begehren stoße sie schon seit Jahren ab. Wenn sie sich ihm im Bett verweigere, sei ihr Mann tagelang, manchmal sogar wochenlang, verstimmt, depressiv und spreche kaum ein Wort. Sie bekomme dann Schuldgefühle wegen ihres Sich-Versagens und könne die Verstimmungen ihres Mannes nur schweren Herzens ertragen.

Auf die Frage des Beraters, wie die Klientin sich die partnerschaftlichen Beziehungen wünsche und vorstelle, sagte sie spontan: «So wie heute nacht im Traum.» Spontan erzählte Frau K. darauf folgenden Traum:
«Ich bin auf einem kleinen Schiff. Ich bin ganz eingenommen und fasziniert von dem Steuermann, der teils mein Mann war, teils Züge von meinem Sohn trug. Die Nähe war deswegen so beglückend, weil er ganz Auge und Ohr für mich war. Ich brauchte auch keine Angst zu haben, daß er sexuell etwas von mir wollte. Sonst sah ich niemand auf dem Schiff.»
Der Mann hatte aufmerksam zugehört und wirkte auf den Berater betroffen. Nach einem spannungsreichen Schweigen von zirka acht Minuten fragte der Berater Herrn K., wie dieser Traum seiner Frau auf ihn wirke. «Genau so ist der Wunschtraum meiner Frau. Sie möchte gerne, daß ich das Steuer unserer Ehe alleine in die Hand nehme und ganz für sie da bin. Mir macht in den letzten Jahren mein Beruf im medizinischen Forschungsbereich an der Universität so viel Freude, daß ich zu Hause wenig Kraft investiere.»
Spontan mischte sich an dieser Stelle die Frau in das Gespräch ein, unterbrach ihren Mann hastig und sagte vorwurfsvoll: «Wenn du mit der Familie bei Tisch sitzt oder wenn wir am Wochenende eine Ausflugsfahrt unternehmen, spüre ich genau, daß du körperlich zwar anwesend bist, dich auch teilweise am gemeinsamen Gespräch beteiligst, doch in Gedanken bist zu ganz woanders, sicher bei deinen geliebten wissenschaftlichen Problemen. Mit deinen Augen blickst du mich zwar an, aber du siehst mich nicht neben dir. Du hörst mir scheinbar höflich zu, doch meine Worte berühren nicht dein Herz.» – Einige Minuten Schweigen.
Berater: «Frau K., ich habe Ihre Betroffenheit mitempfinden können. Durch das bisher Gesagte und durch Ihren Traum sind mir Ihre Wünsche nach mehr Zärtlichkeit und Aufmerksamkeiten deutlicher geworden. Sie können mit Ihrer bildhaften Rede für mich eindrucksvoll vermitteln, was Sie wollen und wünschen.» Zu Herrn K. gewendet: «Da ich ungefähr gleich alt

bin und in einer ähnlichen beruflichen Position arbeite, kann ich mich auch in Ihre Lage einfühlen. Sex und beruflicher Aufstieg sind für uns Männer zwei wichtige Erfahrungsbereiche. Darin möchten wir etwas leisten und finden wir unsere Selbstbestätigung.» Zu beiden Eheleuten gewendet: «Sie haben mir wichtige Eindrücke vermittelt von Ihren Problemen und Beziehungsschwierigkeiten. Mir ist aufgefallen, daß jeder von Ihnen zwar seine Wünsche artikuliert oder seinen Berufsbereich absteckt, aber Sie haben noch wenig gesagt, was Sie für Ihre gemeinsame Beziehung und Ehe tun können.» Zu Frau K. gewendet: «Ihr eindrucksvoller Traum zeigt Sie zunächst in einer passiven Position. Sie sind scheinbar verliebt in Ihren schicken Steuermann, der ganz Auge und Ohr für Sie ist, und lassen sich gerne fahren, aber was könnten Sie beitragen, damit das Schiff Ihrer Ehe wieder flott wird?» Mit etwas Schmunzeln füge ich fragend hinzu: «Wenn Sie Ihren Mann in der Rolle des Steuermanns sehen, sind Sie dann der Kapitän?»

Da sprudelt es aus der Klientin heraus, und sie erzählt sehr ausladend aus der Familiengeschichte, an die sie durch die Bilder des Traumes erinnert worden sei. Aus der Fülle der Mitteilungen gebe ich hier mit den eigenen Worten folgende Zusammenfassung: Gleich nach dem Aufwachen seien ihr zu dem Schiffstraum die glücklichsten Jahre ihres Lebens eingefallen. Als junges Mädchen und später noch gelegentlich während der Semesterferien habe sie mit ihrem Vater, der Kapitän auf einem großen Luxusdampfer war, auf Kreuzfahrten gehen dürfen. Als hübsch aussehende Tochter des Kapitäns sei sie von den jungen Schiffsoffizieren stets umschwärmt worden. Im Schutze ihres Vaters habe sie sich stets sicher gefühlt, so daß es trotz zahlreicher Gelegenheiten niemals zu sexuellen Verführungen gekommen sei. Sie sei rein in die Ehe gekommen und habe sich ganz für ihren Mann aufbewahrt. Nachdem die beiden Söhne, die schnell hintereinander geboren worden seien, jetzt in der Pubertät stecken und sie als Mutter nicht mehr so brauchten, erwarte sie wieder mehr Zuwendung von ihrem Mann.

Aus der Familiengeschichte von Frau K. gebe ich aus den acht

Paargesprächen folgende Zusammenfassung: Sie war die einzige Tochter des schon genannten Kapitäns auf großer Fahrt. Der Vater wird als charmanter Mann geschildert, der stets auf den Reisen von unternehmungslustigen Damen umschwärmt wurde und sich in zahllose Liebesabenteuer stürzte. Die Mutter sei nur ein einziges Mal mit dem Vater auf Kreuzfahrt gegangen. Das war die Hochzeitsreise, als die Klientin gezeugt worden sei. Nach der Geburt der Klientin habe die Mutter eine Wochenbettpsychose bekommen und sei einige Monate in einer Fachklinik gewesen. Auch in all den späteren Jahren haben sich stets lange Phasen einer endogenen Depression wiederholt, die Klinik- und Sanatoriumsaufenthalte erforderlich machten. Die Klientin war in diesen Zeiten bei der Mutter der Mutter untergebracht. Die Großmutter wurde einerseits als warmherzig erlebt und andererseits als dominierend. Sie entzog ihre Liebe und Zuneigung der Tochter und Enkelin, wenn es nicht nach ihren Plänen ging. Einzig in den Krankheitsphasen der Mutter habe sich diese ihrer Mutter gegenüber durchsetzen und behaupten können. Das Leiden der Mutter habe die Großmutter machtlos gemacht.

Durch das Psychologiestudium, das sie vor dem Abschluß wegen der «Mußheirat» abgebrochen habe und durch die stetige weitere Beschäftigung mit psychologischen Fragen habe die Klientin das Arrangement der Eltern und das unbewußte Zusammenspiel zwischen der Großmutter und der Mutter durchschaut, ohne jedoch etwas ändern zu können. Sie habe sich hilflos und ahnungslos zwischen den beiden Müttern stehend erlebt, oft in Sorge, durch ein bißchen zu viel Liebe zu der einen die Zuneigung und Liebe der anderen zu verscherzen. Einfach unbefangen Kind zu sein und sich dem inneren Erleben zu überlassen, habe sie nie oder selten gekonnt. Obgleich sie die Konflikte und Beziehungsstörungen in ihrer Herkunftsfamilie sehe, Zusammenhänge mit den persönlichen Eheschwierigkeiten vermute, könne sie bisher von sich aus wenig ändern.

Herr K. entstammt einer Akademikerfamilie, in der es kühl und sachlich zuging. Über Emotionen lächelte man, und persönliche

Stimmungsschwankungen verbarg man, weil man sich stets zu beherrschen habe. Schon als Kind habe Herr K. darunter gelitten, daß er weder der Mutter noch dem Vater habe anvertrauen können, was ihn bewege. Am ehesten habe er sich noch dem empfindsamen Vater anvertrauen mögen. Wegen der Vorherrschaft der kühlen Sachlichkeit der Mutter, die als Chemikerin im Bereich einer Universität tätig war, versteckte der Vater zunehmend seine weichen Seiten unter dem Deckmantel von demonstrierter Härte und Männlichkeit.

Da der um zwei Jahre jüngere Bruder, ein Lieblingssohn der Mutter, in der Schule ausgezeichnete Leistungen erbrachte und in seinem ganzen Wesen und Charakter der Mutter in ihrer Geistigkeit und Intellektualität nahekam, wurde Herr K. angehalten, es diesem Bruder gleichzutun und sich nicht in romantischen Gedichten und Aufsätzen zu verlieren. Während der Klient bis zur Pubertät ein mittelmäßiger Schüler war und zum größten Teil heimlich seinen schöngeistigen Interessen und Literaturstudien nachging, faßte er aufgrund des jahrelangen Erziehungsdrills der Eltern gegen Ende der Pubertät den kühnen Entschluß, so zu werden wie der erfolgreiche Bruder und die wissenschaftlich anerkannte Mutter. Damals habe er angefangen, seine Gefühle zu vergraben und seine emotionalen Bedürfnisse nach Zärtlichkeit und Nähe zu verstecken. Diesem Entschluß sei er bisher treu geblieben und widme sich mit großer Leidenschaft der Naturwissenschaft. Von seiner Frau erwarte er, daß sie den «Betrieb» (wie er seine Familie nannte) gut und vorbildlich führe und ihm vor allem im Bett zur Verfügung stehe.

Außer dem Gerede seiner Frau von mehr Zärtlichkeit und dem Wunsch nach mehr Gehör, das ihm schon seit Jahren auf die Nerven ginge, beobachte er seit zirka fünf Jahren ein Nachlassen seiner orgastischen Potenz auf dem Höhepunkt im Geschlechtsverkehr mit seiner Frau. Aufgrund recht differenzierter Wahrnehmungen und Beobachtungen beschrieb der Klient, daß es bei ihm während des Orgasmus nicht mehr zu jenen tiefen Entspannungen und Lustlösungen komme wie in den ersten Ehe-

jahren. Irgendwie sei ihm die Idee gekommen, daß diese Verspannung mit der inneren Beziehung zu seiner Frau zusammenhinge. Seine Frau habe auch schon Andeutungen darüber gemacht, daß sie sich ihm nicht mehr im Intimverkehr ganz öffne und hingebe, seitdem er ihrem Wunsch nach mehr Zärtlichkeit und Aufmerksamkeit nicht in dem gewünschten Maße nachkomme. Wenn diese Vermutungen zuträfen, treffe seine Frau ihn damit an seiner verwundbarsten Stelle.
Durch die teilweise Anorgasmie habe der Klient in den letzten Jahren zunehmend an Verspannungen im Bereich des Oberbauches zu leiden. Diese Spannungen können sich gelegentlich an Wochenenden oder ausgerechnet an Festtagen bis zu Spasmen steigern, die ihm die Stimmung verderben und vor allem am konzentrierten Nachdenken über seine wissenschaftlichen Probleme hindern. Darüber kriege er manchmal die Wut, und wenn er dann seine miese Stimmung auch an seiner Frau auslasse, werfe diese ihm wiederum vor, daß sie nicht für seine miesen Stimmungen da sei, sondern von ihm positive Gefühle erwarte. Teilweise sehe er diese Zusammenhänge ein und sei mit in die Eheberatung gekommen, um durch einen unparteiischen Außenstehenden Hilfen zu bekommen.
Abschließend soll noch erwähnt werden, daß Herr K. sowohl gegen Ende der ersten Paarberatung als auch im Verlaufe der weiteren Stunden wiederholt seine Bedenken äußerte, daß der Berater seine Frau besser verstehen könne und mit ihr halten würde, weil sie ja auch Psychologin sei und sich all die Jahre intensiv mit psychologischen Fragen beschäftigt habe und sie daher von den anstehenden Problemen viel mehr verstünde als er.
Ich versuchte gegen Ende der ersten Sitzung bei den Ratsuchenden Vertrauen zu erwecken, indem ich darauf hinwies, daß es für die nächsten Gespräche nicht nur einen unparteiischen dritten in der Person des Beraters gäbe, sondern noch eine allparteiliche vierte Instanz zwischen diesen dreien, die wie eine Art «magisches Auge» alles erfasse und beobachte. Mit diesem Vergleich wolle der Berater ein Stückweit die Funktion der Psyche beschreiben, die in Gestalt der Träume ganze Bilderstreifen und

Filme machen könne über die Beziehungen der Partner, über deren Beziehungen zu sich selber und zu vielen Menschen und Dingen ihrer Umwelt.
Als leidenschaftlicher Fotoamateur ging Herr K. auf meinen Vergleich recht interessiert ein und wußte aus seinem Erfahrungsbereich noch zu berichten, daß es auch Spezialkameras gäbe, mit denen man sogar im Dunkeln filmen könne. Da seine Frau ihm bereits eine Menge von der Bilderwelt der Seele erzählt habe, könne der Berater diesen Vergleich sicher auch gut einbauen in die erwähnte Funktion der Psyche mit den Träumen. Ich bestätigte das schmunzelnd und sagte: «Das ist ein ausgezeichnetes Beispiel für meine Erfahrungen mit der Seele. Ich bin immer wieder erstaunt und werde von den Träumen vieler Leute begeistert, die aus dem Dunkel der Unwissenheit die Probleme ans Tageslicht bringen. Ich bin gespannt, welche Informationen uns Ihre Psyche in den Träumen liefern wird.» Herr K.: «Da geben Sie sich in meinem Falle keinen Illusionen hin. Ich träume nämlich nicht. Meine Frau dagegen, die träumt sich ganze Romane zusammen. Mich dagegen läßt das kalt. Wissen Sie, als Naturwissenschaftler denkt man anders.»
Berater: «Das glaube ich Ihnen gerne. Aber ich möchte Sie doch herzlich bitten, darauf zu achten, ob Sie in den nächsten Tagen oder Wochen nicht doch einen Traum behalten. Sie haben vielleicht schon einmal von den Entdeckungen im Bereich der experimentellen Schlaf- und Traumforschung, von dem sogenannten REM-Phänomen, gehört (= rapid eye movement), wobei man anhand der Augenbewegungen der Versuchspersonen nachweisen konnte, daß jeder Mensch träumt, aber längst nicht alle Träume erinnert werden. In jedem Menschen waltet ein unendlicher Bilderstrom. Wenn Sie tatsächlich nicht Ihre Träume behalten sollten, so werden wir in den nächsten Sitzungen die Träume Ihrer Frau so betrachten, als wäre es Ihr gemeinsamer Ehe-Traum. Vielleicht hat Ihre Frau deswegen so lebhafte Träume, weil sie für zwei Seelen die Bilder an den Tag bringen muß. Wir wollen abwarten.»
In der nächsten Sitzung sahen wir uns bei der Begrüßung er-

wartungsvoll an. Im Blick von Frau K. fiel mir eine gewisse Zurückhaltung auf, während Herr K. mich anstrahlte und es anscheinend kaum erwarten konnte, bis wir saßen und er loslegen konnte.

Herr K.: «Ich habe in den letzten Tagen tatsächlich mehrmals geträumt. Mir ist folgendes Bild in Erinnerung geblieben:

Ich stehe unter der Dusche und drehe und drehe den Hahn auf, bis endlich tropfenweise Wasser kommt. Da ich geschwitzt habe und mich erfrischen will, soll mehr Wasser kommen. Ich werde aufgeregt und wütend, bis endlich ein voller Wasserstrahl kommt. Zunächst bin ich erschreckt, daß es so kalt ist, doch dann wird das Wasser angenehm warm und rieselt an mir herunter. Ich hätte sehr lange so stehen können, doch durch das starke Husten meiner Frau wurde ich gestört. Etwas verärgert wachte ich auf.»

Damit Herr K. nicht sogleich auf ein übliches Streitverhalten mit seiner Frau verfiel, sondern bei dem positiven Effekt des Traumes verweilte, machte ich den Vorschlag, daß Herr K. seine Erfahrung mit dem Wasser und der Dusche «meditieren» und diesen Traum einmal als Beziehung zu seiner eigenen Seele betrachten möge. – Aus dem Erfahrungsbericht und den Einfällen von Herrn K. gebe ich hier mit meinen Worten folgende Zusammenfassung: Herr K. beschrieb die angenehme Erfrischung unter der Dusche. Bei seiner genauen Betrachtung der Traumhandlung ging ihm auch auf, daß der Strahl der Dusche erst voll kam, nachdem er die Wut gekriegt hatte. Er sagte: «Wenn ich meine Emotionen kommen lasse, kommt auch Wasser.» Diese Einsicht unterstützte der Berater sehr und ermunterte Herrn K., weiterhin seine Gefühle zuzulassen und seine Träume zu beachten.

In der gleichen zweiten Beratungsstunde erzählte auch Frau K. einen sie sehr bewegenden Traum, weil sie darin so aktiv geworden sei.

«Ich stehe im Rampenlicht auf einer Bühne. Viele Leute gucken zu, wie ich alleine tanze. Es war anstrengend für mich, für die Zuschauer zu tanzen. Aus einem Lautsprecher wird angesagt:

‹Das ist der Affentanz.› – Ich kann nicht mehr und will mich von der Bühne zurückziehen. Als ich mich umdrehe, sehe ich Hände und Füße, die sich in meinem Tanzrhythmus bewegen. Weil ich nicht mehr alleine tanzen will, greife ich nach den Händen. Ich entdecke mit Schrecken, daß die Hände und Füße einem Mann gehören, der mich fest anpackte. Da die Musik immer intensiver wird, tanze ich mit dem Mann weiter. Die Angst vor dem Mann nimmt ab. Wir geben uns immer mehr der Musik und dem Rhythmus hin.»

Im Gespräch verglich Frau K. zahlreiche Erfahrungen ihres bisherigen Lebens mit dem Tanz im Rampenlicht auf einer Bühne. Insbesondere fielen ihr einige glanzvolle Tanzveranstaltungen und Mitsommernachtbälle auf dem Luxusdampfer des Vaters ein. Dort war sie stets bei Verehrern und Zuschauern zum Mittelpunkt geworden. Doch beim Tanzen fühlte sie sich oft einsam und trotz der vielen Menschen allein. Frau K. erinnert sich, daß ihre äußerlich glanzvollen Auftritte sehr anstrengend waren und ihr wenig Freude brachten. Sie konnte nie mit Leib und Seele tanzen, und es kam nie zu einer leidenschaftlichen und befriedigenden Beziehung zu einem Mann. Erschreckend machte ihr die Botschaft aus dem Lautsprecher deutlich, daß diese Anteile ihres Lebens ein «Affentanz» waren.

Die genannten Schwierigkeiten bestimmten auch die Beziehungen zum Ehepartner. Bei der Besprechung des Traumes konnten wir herausarbeiten, daß Frau K. in der Beziehung nur Hände und Füße des Mannes sehe, aber nicht den ganzen Menschen. Sie erzählte, daß sie der Hände Arbeit ihres Mannes in Form der wissenschaftlichen und schriftlichen Tätigkeit bewundere und bei ihm ein gesichertes Leben und Boden unter den Füßen habe, doch das allein genügt ihr jetzt nicht mehr. Sie sehne sich nach einer intensiveren Beziehung, wie es im zweiten Teil des Traumes zum Ausdruck komme. Bisher war Frau K. aus unbewußter Angst vor ihrem Mann von einer leidenschaftlichen und ganzheitlichen Hingabe abgehalten worden. Die Musik und der Rhythmus im Traum brachten die verborgenen Wünsche in Bewegung. Der von positiven Gefühlen begleitete Tanz im

Traum motivierte und animierte Frau K., mit ihrem Partner neue Erfahrungen zu sammeln. In den folgenden Beratungsstunden berichtete Ehepaar K., daß sich ihre Beziehungen verbessert und intensiviert hätten. Besonders Frau K. berichtete im Verlauf der acht Paarberatungen mehrere Träume, in denen sie etwas konnte, was ihr im bisherigen Leben schwerfiel. Zunehmend verstand sie die Botschaft ihrer Träume und wurde ermutigt, im realen Leben etwas zu wagen, was sie im Traum erprobt hatte.

Als Berater unterstütze ich die Neuentdeckungen von Frau K. Meine Fragen, Empfehlungen und Ratschläge orientierte ich immer wieder an den Bildern und der Psychodynamik der Träume des Ehepaares. Auf diese Weise entkräftete ich zugleich die Befürchtung von Frau K., daß der Berater als Mann zusammen mit ihrem Mann sie bedrängen und in einer bestimmten Richtung beeinflussen könnte. Andererseits konnte ich durch die Einbeziehung der Träume auch den Bedenken von Herrn K. begegnen, der geäußert hatte, daß der Berater besser mit seiner Frau arbeiten könne, weil sie mehr von Psychologie verstehe.

Das folgende Modell verdeutlicht die Wechselbeziehungen zwischen den am Beratungsprozeß beteiligten Personen unter Einbeziehung der Träume:

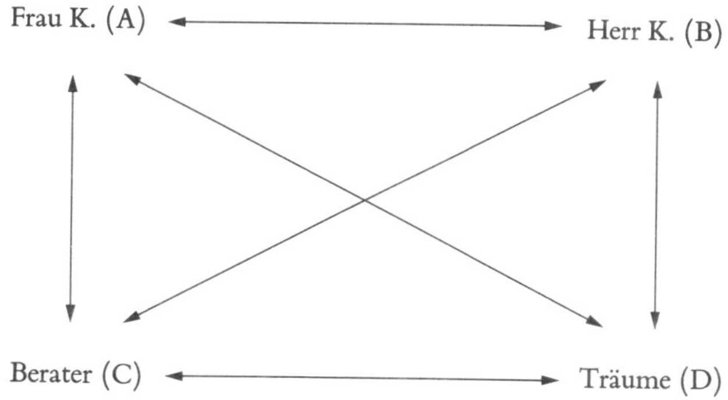

Die Interaktion zwischen den Partnern (A ⟷ B) und die Erweiterung zu einer Dreiecksbeziehung durch die Einbeziehung des Beraters wird durch die Pfeile angezeigt. Erläutern möchte ich lediglich die Funktion der Träume als vierten Faktor in der Triangulation. Die Interaktion zwischen den am Beratungsgespräch beteiligten Personen wird durch die Imagination der Träume ergänzt und vertieft. Die weiteren Ausführungen möchten zeigen, wie auch Herr K. durch einen weiteren Traum eine wesentliche Hilfe für seine weitere Entwicklung empfangen hat.

Nachdem Herr K. sich an den Gesprächen etwas kritisch distanziert beteiligt hatte und auch den Träumen gegenüber seine Vorbehalte geäußert hatte, brachte er in die vorletzte Beratungsstunde folgenden Traum mit:

«Ich bin allein im Vortragssaal. Weil keine Studenten erschienen sind, will ich verärgert und verstimmt weggehen. Da höre ich, wie sich jemand räuspert. Offensichtlich ist doch jemand da, den ich nicht bemerkt habe. Eine Frau mittleren Alters winkt mir, daß ich zu ihr kommen möge.

Ich trete mit meinem Manuskript vor sie hin und will ihr die vorbereitete Vorlesung halten. Wortlos gibt sie mir zu verstehen, daß ich neben ihr Platz nehmen möchte. Als ich neben ihr sitze, schmiegt sie sich an mich. Zunächst will ich mich wehren, doch dann lasse ich sie gewähren. Es kommt zu Zärtlichkeiten und einem Liebesspiel mit einer beglückenden sexuellen Vereinigung.»

Nach dem Erzählen des Traumes brachte Herr K. als erstes sein Erstaunen und seine Verwunderung darüber zum Ausdruck, daß ihn das Liebesspiel im Traum derart erregt habe, daß es zu einer Pollution und einem Orgasmus gekommen sei. Er sei sehr beglückt und befriedigt aufgewacht und habe zunächst gar nicht unterscheiden können, ob er geträumt habe oder es ein reales Liebeserlebnis gewesen sei. Gerade weil er an einer gewissen Störung seiner sexuellen Erlebnisfähigkeit leide, sei er im Traum erstmalig zu einer richtigen Erregung mit nachfolgender Entspannung fähig gewesen.

Den ersten Teil des Traumes bringt Herr K. mit seiner wissenschaftlichen Tätigkeit in Beziehung. In seinem bisherigen Leben habe er viele Energien in die Vorbereitungen seiner Vorlesungen gesteckt. Wenn seine Frau besondere Aufmerksamkeit oder Liebe begehrte, sei er zumeist müde gewesen oder habe gereizt und ablehnend reagiert. In seiner zunehmenden Selbstkritik frage er sich gelegentlich, ob er seinen Beruf und seine eigenen Interessen nicht mehr liebe als seine Frau. In den letzten Monaten nun vor Ausbruch der Krise habe ihn auch seine Arbeit nicht mehr befriedigt. Er sei oft verstimmt gewesen und wundere sich über seine Launenhaftigkeit. Irgendwie sehne er sich nach einer Änderung in seinem Leben. Ihm müßte einmal etwas begegnen, was ihn inspiriere und richtig animiere.
Berater: «Wie im Traum, als die Frau sich an Sie schmiegt und es zu dem Liebesspiel kommt?»
Herr K.: «Dieser Traum drückt genau meine Wünsche und Sehnsüchte aus!»
Berater: «Da die Liebesszene im Traum Sie so leidenschaftlich erregt hat, haben Sie ein neues Erleben kennengelernt.»
Herr K.: «Bisher habe ich solche Liebesgefühle nur in Filmen gesehen und habe mir nie träumen lassen, daß so etwas auch bei mir geschieht.»
Berater: «Könnte es sein, daß Sie das Liebeserlebnis, das Sie im Traum hatten, auch einmal mit Ihrer Frau haben?»
Herr K.: (schweigt etwas verlegen)
Frau K.: «Eigentlich wollten wir darüber ja nicht sprechen und es als unser Geheimnis bewahren. Wir haben es inzwischen so ähnlich wie im Traum erlebt.»
Herr K.: «Darüber hinaus möchte ich noch sagen, daß meine Arbeit mir wieder Spaß macht. Ich bin ganz neu in meine Frau verliebt und habe zugleich eine neue Kreativität in mir entdeckt.»
Es wird nicht in allen Paarberatungen zu solchen spontanen Wandlungen kommen wie beim Ehepaar K. Ich habe aus meinen Beratungen ein Beispiel ausgewählt, das besonders eindrucksvoll die Träume als Ratgeber darstellt. In dem ausge-

wählten Fallbeispiel kommen zu der Begeisterung, mit Träumen in der Beratung zu arbeiten, auch bei den Ratsuchenden mehrere begünstigende Faktoren. Zu der Fähigkeit, Probleme zu reflektieren, kommt der zeitliche Umstand, daß die Krise zu einer Entscheidung und Wandlung drängte.

In nahezu unzähligen Fallbesprechungen im Rahmen meiner Supervisionstätigkeit haben wir zunehmend auch Träume der Ratsuchenden einbezogen. Gerade bei schwierigen Fällen, wo wir miteinander nicht recht weiterwußten, eröffnete uns ein Traum neue Einsichten. Da viele Berater und Psychologen im Verlaufe ihrer Ausbildung nur eine Bewußtseinspsychologie oder Verhaltenstherapie kennenlernen und mit der Tiefenpsychologie und dem bildhaften Denken kaum vertraut gemacht werden, bleiben die Träume als Ratgeber weitgehend unbekannt. Meine Erfahrungen haben mir gezeigt, daß die Interaktion zwischen den Menschen durch die Imagination durchsichtiger und besser verstanden werden können.

Träume in der Familientherapie
– Beitrag von Ricarda Müssig –

Als ich begann, mit Träumen in der Familientherapie zu arbeiten, war mir bewußt, daß ich unerforschtes Neuland betreten würde. Familientherapie ist aus nicht-tiefenpsychologischen Schulen hervorgegangen, aus der Arbeit von amerikanischen Psychiatern und Sozialarbeitern, die sich bemühten, die Regeln von Familiensystemen aktiv zu verändern. Das Unbewußte mit seinen nicht direkt sichtbaren Inhalten wurde sogar von manchen Kommunikationstheoretikern wie Watzlawik (1969) als «black box» bezeichnet, also als ein möglicherweise hochexplosiver Sender, dem man besser nicht zu nahe kommt – das ist die ursprüngliche Bedeutung dieses Terminus!
Aber auch die psychoanalytische Familientherapie, die sich vor allem in Deutschland entwickelte, pflegt Träume, imaginative und gestaltende Methoden nicht einzubeziehen. Selbst in der psychoanalytischen Einzeltherapie (nicht in der analytischen Psychologie C.G.Jungs) ist die Arbeit mit Träumen in den Hintergrund getreten.
In meiner Anfangszeit als Familientherapeutin pflegte ich mich in der ersten Sitzung beim «delegierten Patienten» – in meiner Praxis einem Kind oder einem Jugendlichen – zu erkundigen, ob sie Träume hätten, die sich öfter wiederholten, oder ob sie in der Nacht vor der ersten Sitzung etwas geträumt hätten. – Später tauchten Bedenken auf: Konnten nicht Träume mit angsterregenden destruktiven oder peinlichen Inhalten erzählt werden? Und konnte die Ausbreitung unbewußten Materials im Kreis der Familie nicht das wichtige Therapieziel der Individuation – die Abgrenzung der psychischen Inhalte von Familienmitgliedern gegeneinander – gefährden?

Als ich aber nicht mehr routinemäßig nach Träumen fragte, geschah es immer wieder, daß Familienmitglieder, Kinder und Eltern spontan Träume berichteten. So fand ich heraus, daß in Träumen von Familienmitgliedern nichts auftritt, was nicht ohnehin als bewußtes Wissen oder halbbewußte oder unbewußte Fantasien im ganzen Familiensystem vorhanden war. Das schien mir schließlich durchaus natürlich, da Familiensysteme in Wechselwirkung mit individuellen innerpsychischen Regelsystemen stehen und Träume so nicht nur, aber doch sehr häufig Fortsetzung der Auseinandersetzung mit Familienmitgliedern bzw. deren Imagines auf innerpsychischer Bühne sind.
Im Grunde sind Träume in vielen Eigenschaften den Spielhandlungen von Kindern ähnlich, wie sie in der Spieltherapie ablaufen. Diese hatte ich vor einigen Jahren (1976) untersucht und in Weiterentwicklung von Modellvorstellungen von C. G. Jung, Whitaker und Liebermann (1964) festgestellt, daß sie – wie jede andere Form freier Fantasietätigkeit – in ständigem Wechsel von Impulsen und Gegenimpulsen (mit Veränderungen von Imagines) verlaufen, bis ein gestörtes Gleichgewicht wiederhergestellt oder eine neue Reifungsstufe erreicht ist. Träume und Spielhandlungen gehorchen so den gleichen Gesetzen der «offenen lebenden Systeme» wie Familien.
Träume können das Familiensystem indirekt dadurch beeinflussen, daß sich Einstellung und Verhalten eines Familienmitgliedes nach bestimmten Träumen verändert – aber auch direkt! Viele Träumer nämlich behalten ihre Träume nicht für sich, sondern teilen sie ihrem Partner oder der ganzen Familie am Frühstückstisch mit. In solchen Fällen müssen wir annehmen, daß diese Träume auch geträumt werden, damit sie erzählt werden können – also eine Botschaft an die anderen Familienmitglieder enthalten! Dabei hat der Träumer den Vorteil, daß er in offener oder verschlüsselter Form seelische Inhalte in die Familie einbringen kann, die eigentlich verboten sind, für die ihn aber nun niemand mehr verantwortlich machen kann.

Daß Träume Botschaften enthalten, ist keineswegs ungewöhnlich. So hat eine Untersuchung (Fischer, 1978) gezeigt, daß auch Träume von Analysanden in der Mittelphase einer Therapie stark von der Schulrichtung des Analytikers beeinflußt sind. Das wiederum führt zu dem Schluß, daß in einer Familientherapie mitgeteilte Träume auch Botschaften an die Therapeuten sind. So ist der weiter unten ausführlicher besprochene Höhlen-Traum von Martina eine Warnung der Familie an die Therapeutin, behutsam mit der Familie umzugehen. – Dieser Traum ist aber auch noch in einer anderen Hinsicht interessant. Er schildert in geradezu klassischer Form die Eigenschaften eines starren und zugleich brüchigen Systems, das aus Personen von geringem Individuationsgrad besteht.

Überhaupt gibt es keine systemanalytischen und keine inhaltlichen familiären Kategorien, die sich nicht in Träumen spiegeln können. So sind in Rainers Traum, auf den ebenfalls ausführlicher eingegangen werden wird, seine hoffnungslosen Wünsche nach mehr Wärme und Zärtlichkeit ausgedrückt, die er von seiner passiven Mutter, die sich vom Vater «rauben» läßt, nicht bekommt. In der Besprechung zeigt sich aber, daß jedermann in der Familie «friert» und nicht wagt, den anderen um mehr Wärme zu bitten.

Auch Selbstdefekte können sich in Träumen verschiedener Mitglieder erkennen lassen. In einer Familie mit zwei Schwestern wurde Ruth als die egoistische, Andrea als die selbstlose Schwester definiert – für mich ohne ersichtlichen Grund. Ich beschloß, in einer sogenannten Verschreibung – einer Art offenen Briefes an die Familie (nach Selvini 1977) – die Zuschreibungen ins Gegenteil zu verkehren. Ich erklärte, daß die egoistische Schwester in Wirklichkeit die selbstlose sei, da sie ja der anderen die edlere Rolle der Selbstlosen überließ. Darauf kamen die beiden Mädchen in die nächste Sitzung mit kompensatorischen Träumen. Die egoistische Ruth rettet Mutter und Schwester vor sadistischen Verfolgern und erweckt die Ermordeten zu neuem Leben, während die selbstlose Andrea fühllos an der Leiche eines Mannes (Vaters) vorbeigeht, bei dem ihre «Freundin» Platz nimmt. Beide Mädchen waren Opfer von Delegationen der Herkunftsfamilien beider Eltern, deren Familiensysteme verlangten, daß es immer eine selbstlose und eine egoistische Schwester geben mußte.

Ein Traum kann in der Familientherapie auf verschiedene Weise Veränderungen hervorrufen. Schon die Traumerzählung an sich kann wirken. Das gilt auch für symbolische, archetypische Träume. Gerade diese nämlich sind besonders geeignet, im Wortbewußtsein gespeicherte Verbote, Verdrängungen oder Mystifikationen zu unterlaufen. Zudem kann ein Symbol in exemplarischer, direkt die Gefühle anrührender Form wesentliche Aspekte eines Familiensystems repräsentieren: Beziehung zu Familienmitgliedern, Bedürfnisse, Gefühle, Problemlösungs- und Reifungsmuster. – Das erfährt auch von einer ganz anderen Seite her eine Bestätigung. F. Vester (1980) schreibt in seinem Buch über «Neuland des Denkens»: Da Bilder gewissermaßen «offene Systeme» sind, die fast automatisch Vergleiche, Gegenbilder und Analogien verlangen, bietet ein bildhaftes Denken weit mehr Ansatzpunkte als ein verbales oder mathematisches, um etwa eine technische Idee, ja im Grunde jede Arbeit so zu entwickeln, daß sie mit dem Rest der Welt in Einklang steht.

Für Therapeuten gibt es, je nach der Schulrichtung, der sie angehören, verschiedene Möglichkeiten des aktiven Umgangs mit Träumen. So kann man den Traum zunächst als Problem des einzelnen (auf der Subjektstufe) angehen, doch ist dies für Familientherapie nicht das ideale Vorgehen. – Man kann die Familie fragen, ob sie eine Beziehung zwischen diesem Traum und ihrer Familie und den Symptomen oder Problemen sehen, die sie in die Therapie gebracht haben. – Am fruchtbarsten fand ich eine Form, bei der man den Traum in gemeinsamer Arbeit mit allen Familienmitgliedern auf der Objektstufe zu interpretieren sucht, also als ein Familiendrama. Manche Symbole muß man «übersetzen», obgleich in vielen, besonders in symbiotischen Familien erstaunlich viele spontan verstanden werden.

Ein besonderes Problem scheinen auf den ersten Blick aggressive und destruktive Träume zu bieten, besonders, wenn sie negativ

enden. Je nach der Gesamtsituation kann man die Familie auffordern, in gemeinsamem Fantasieren den Traum zu verändern und zu einem konstruktiven Ende zu führen. Bei prospektiven Träumen hingegen genügt es, diesen Impuls hervorzuheben.
Besonders wichtig scheint mir die Arbeit mit Träumen in denjenigen Familien, in der Sprache als Werkzeug der Kommunikation unbrauchbar gemacht worden ist, so durch Mystifikation, double bind und logische Verwirrung («Du verdrehst mir das Wort im Mund»), oder in Familien, wo alles verstandesmäßig betrachtet und erklärt (rationalisiert) wird. Das gilt auch für solche Familien, in denen bestimmte Erinnerungen und Gefühle nicht miteinander in Kontakt kommen dürfen (schizoid abgespalten werden). So darf zum Beispiel eine Frau sich nicht darüber Rechenschaft geben, daß sie einerseits ihren Vater mit Mutters Augen sieht, andererseits so, wie er gesehen sein will, und daß sie unfähig ist, diese verschiedenen Wahrnehmungen zu vergleichen. Ein Traum kann dann allen «die Augen öffnen»!
Die Traumarbeit kann auch zwanglos mit anderen Methoden kombiniert werden, mit Gestaltung, dem Imaginieren von Landschaften (Rainer), dem katathymen Bilderleben, mit paradoxen Verschreibungen oder solchen, wo man den Familienmythos mit Hilfe einer Verschreibung kompensatorisch ins Gegenteil verkehrt (s. o. Andrea und Ruth). Da er Teil des therapeutischen Systems wird, sind auch die Träume des Therapeuten von Bedeutung. Sie können ihm helfen zu erkennen, was in einer Familie vor sich geht, und welche persönlichen Ängste oder Motive ihn bis jetzt gehindert haben, klar zu sehen. So träumte ich einmal nach einer mich sehr beunruhigenden Sitzung mit einer dramatischen Familie, diese stelle mich auf den Kopf. Nicht nur, daß sie es tatsächlich in dieser Sitzung im übertragenen Sinn mit mir versucht hatten! Beim Nachdenken wurde mir auch klar, daß ich in dieser Familie alle meine bisherigen Hypothesen und Strategien «auf den Kopf stellen» mußte, um Heilung zu erzielen.
Meine Arbeitsweise möchte ich an zwei ausführlicher geschil-

derten Beispielen lebendig machen: in der Therapie einer depressiven Harmoniefamilie mit einem 13jährigen Sohn, der noch einnäßte, und dem einer symbiotischen Harmoniefamilie, deren 19jährige Tochter an einer Phobie litt.

Rainers Traum von Pelzmänteln

Die Familie sucht eine Therapie für den 13jährigen Rainer, weil er seit drei Jahren nachts einnäßt, etwa zwei- bis dreimal pro Woche. Das Symptom war erstmals 14 Tage vor dem Umzug ins eigene Haus aufgetreten. Die Eltern waren so mit der Arbeit überlastet, daß sie nicht bemerkten, daß der Junge jede Nacht einnäßte und abends wieder in das nasse Bett kroch, und er war unfähig, dies mitzuteilen.
In seinen ersten beiden Lebensjahren soll Rainer ein fröhliches und sich normal entwickelndes Kind gewesen sein. Dann aber gaben die Eltern den Zweijährigen für zwei Wochen in ein Babyhotel, um Skilaufen zu gehen. Als sie zurückkamen, war der Junge verändert, zog sich zurück, begann schlecht zu essen, trödelte bei jeder Tätigkeit und hatte Angst, allein einzuschlafen – Symptome, die er heute noch hat. Rainer besucht die Hauptschule und schlägt sich mühsam durch, während seine 18jährige Schwester Sylvia, ein stilles Mädchen mit feinen Gesichtszügen, sich auf das Abitur vorbereitet.
In den ersten Sitzungen nehmen die Kinder die Plätze zwischen den Eltern ein, und zwar so, daß die Tochter neben der Mutter, der Sohn neben dem Vater sitzt. Das ist häufig in Familien mit depressiver Struktur, in denen die Eltern sich in ihrer Geschlechtsrolle unsicher fühlen und eine Stütze im gleichgeschlechtlichen Kind suchen oder nicht wagen, vor anderen zu zeigen, daß sie ein Paar sind. Es ist schwer, die Familie zum Reden zu bringen. Jeder sitzt wie in einem Glaskasten und wartet darauf, daß er von der Therapeutin gefüttert wird.
Alle Familienmitglieder halten sich für ziemlich wertlos. Vater war, wie er sagt, nur ein «Notnagel» für seine ältere Schwester.

Als diese als Fünfjährige während einer Krankheit in Lebensgefahr schwebte, beschlossen seine Eltern, ein zweites Kind zu zeugen, um im Fall ihres Todes auf jeden Fall wenigstens ein Kind zu haben. Trotzdem fühlt er sich heute seiner Mutter verpflichtet und ist nicht in der Lage, sich ihren Ansprüchen gegenüber angemessen abzugrenzen. Familiäre Ereignisse datiert er für die ganze Familie anhand von Olympiaden und Fußballweltmeisterschaften.

Ähnlich wertlos fühlt sich Mutter. Als uneheliches Kund mußte sie stets hinter dem später ehelich gezeugten Halbbruder zurückstehen. Sie ist sehr scheu, wozu auch ihre hochgradige Kurzsichtigkeit beiträgt. Sie verzichtet auf die Befriedigung eigener Ansprüche, darf aber keine Fehler machen – wenn etwas schiefgeht, sind immer die anderen schuld – so beispielsweise der Ehemann an der Existenz von Rainer.

In der 5. Sitzung schlage ich vor, daß jeder für sich eine Landschaft imaginieren soll, die seinem Wesen entspricht (oder wo er gern wäre), und eine andere für eine beliebige Person aus der Familie. Dabei wählt Vater für Mutter ein Atoll in der Südsee, Rainer für Mutter eine Oase in der Wüste. Beide Landschaften ähneln einander: Ein kleines Stück warmes fruchtbaren Landes in einer Wasser- oder Sandwüste – und beide weit entfernt und schwer zu erreichen.

In der 6. Sitzung sprechen wir zum erstenmal vom Einnässen und von Rainers Einschlafängsten. Dabei frage ich, ob er auch manchmal schlimme Träume hat und sich vielleicht deswegen vor dem Einschlafen fürchtet. Darauf berichtet er diesen Traum:

«Wir sind Wächter und schützen ein Kaufhaus. Aber da kommen außerirdische Wesen, die schaffen es irgendwie, daß die Wände auseinanderweichen. Sie klauen die Pelzmäntel, und wir können gar nichts machen. Die Außerirdischen sahen aus wie normale Leute.»

Danach entsteht eine längere Pause. – Dieser Traum ist eine Botschaft an die Familie: «Ich, Rainer, möchte dich, Mutter (die warme Oase, die wärmenden Pelzmäntel), ganz für mich allein. Auch wenn ich nichts von dir habe, möchte ich dich bewachen. Aber gegen dich, Vater, bin ich wehrlos, du nimmst sie mir weg, und ich habe das Nachsehen! Und du, Mutter, gibst ihm deine Wärme auch noch freiwillig!»

Ich breche das Schweigen, indem ich Rainer zunächst frage, ob er noch ein Schlaftier hat. Ich glaube, ich tat dies, weil mich die Hoffnungslosigkeit des Traumes so erschreckt hat, daß ich zunächst herauszufinden versuchte, ob er nicht etwas hat, was ihm die Mutter wenigstens teilweise ersetzen kann (ein Übergangsobjekt). Ja, sagt Rainer, er habe einen Hasen, den er noch mit ins Bett nehme. Aber der sei nur ein Ersatz für den «richtigen», den er als Zweijähriger (zu der Zeit, als die Eltern ihn ins Babyhotel gaben) verlor.

Im Unterschied zum Vorgehen in einer Einzeltherapie, wo ich mich dem damaligen Traum zugewendet hätte, spreche ich das Kernproblem des Traumes als gegenwärtiges Problem der Familie an: «Wie wird denn in Ihrer Familie mit Zärtlichkeiten umgegangen?» Mutter strahlt auf: sie nimmt den Rainer heute noch ganz fest in den Arm. Aber er will das nicht, er wehrt sich. Die jetzige Situation ist also in Mutters manifestem Verhalten und ihrem Bewußtsein genau umgekehrt wie in Rainers Traum: sie kann zärtlich sein – er zieht sich zurück.

Einen der Gründe für diesen Widerspruch muß man also doch in der Vergangenheit suchen – und so frage ich, wie Rainer sich früher verhielt, wenn sich die Eltern in den Arm nahmen! Ja – das konnte Rainer nicht sehen, er mußte sich immer dazwischen drängen! – Ich bestätige, daß das ein ganz natürliches Verhalten sei (was immer angstlindernd wirkt). Und ob das im Traum nicht etwas ähnliches sei? Vielleicht habe er manchmal das Gefühl, daß «Sich-an-die-Mutti-Kuscheln» etwas ähnliches sei wie sich an einen Pelzmantel kuscheln, und er hätte die Mutti halt gern für sich allein gehabt wie alle Kinder, aber der Vati hat sie ihm dann manchmal einfach weggenommen.

Rainers Miene drückt eine Art skeptische Zustimmung aus. Andererseits wehrt er sich aber heute gegen Mutters Zärtlichkeiten – und ich frage Mutter, warum sie ihn trotzdem in den

Arm nehmen will. Ja, sie meint, daß er sich nur zum Schein wehrt und es im Grunde doch gerne möchte. Rainer will nichts dazu sagen, sondern windet sich nur verlegen lächelnd auf seinem Stuhl. – Es scheint, daß er gleichzeitig Zärtlichkeit möchte und nicht möchte. Einerseits wäre er gern noch klein oder hat zumindest einen Nachholbedarf, andererseits ist er wohl auch ärgerlich, weil Mutter sich so leicht «entführen» ließ, und schließlich ist in ihm auch ein Junge von 13, der langsam beginnt, sich von kindlichen Zärtlichkeitsbedürfnissen zu distanzieren.

Wohin gehört aber dann dieser Traum? Die archetypischen Eltern-Imagines, die magische Veränderung des Vaters in einen Außerirdischen, die Reduzierung der Mutter auf den Aspekt des Pelzmantels (stammesgeschichtlich entsprechend dem Fell der Affenmutter, an dem sich das Kind anklammern muß, um zu überleben) und Rainers Symptome deuten darauf hin, daß sich in diesem Traum das unbewältigte Trauma spiegelt, als Vater dem Zweijährigen die Mutter «raubte».

Warum aber konnte er nie mit diesem Trauma fertig werden? Das Geschehen liegt doch schon 11 Jahre zurück, und seine Eltern sind freundlich und um ihn besorgte Menschen! Hat es vielleicht etwas mit der Geschwisterkonstellation beider Eltern zu tun? Vater hat eine fünf Jahre ältere Schwester, die wichtiger war als er, Mutter einen fünf Jahre jüngeren Bruder, der wichtiger war als sie. – Sylvia und Rainer sind auch fünf Jahre auseinander. Rainer ist in dieser Familie weniger wichtig als Sylvia. Entschädigt Mutter in der älteren Tochter sich selbst? Stellt Vater den Sohn zurück wie sich selbst? Oder träumt Mutter davon, daß das jüngste Kind immer klein bleibt, sie nie verläßt und vor Einsamkeitsgefühlen schützt? Ich ziehe es vor, bei den positiven Gefühlen anzusetzen, und sage zur Mutter:

«Ich glaube, Sie möchten eigentlich, daß er ihr kleiner Junge bleibt.»

«Ja», sagt sie, «wenn sie klein sind, hat man sie noch so ganz!»

Th.: «Und wenn sie groß werden, dann gehen sie weg. Und das ist schwer.»

Frau B.: «Oh, ja!»
Th.: «Vielleicht spürt Rainer das und sagt: wenn die Mami ein Baby braucht, das bei ihr bleibt, dann tu ich mein Bestes, um das zu sein – denn ich hab sie ja lieb. Und so bin ich schlecht in der Schule, ich mache das Bett naß und brauche ständig die Mami, damit sie mich bei allem antreibt, was ich mache. Und das alles tu ich, damit ich lange ihr kleiner Junge bleibe.»
Vater: «Ah, so ist das.»
Die anderen versinken in Schweigen.

Nach dieser Sitzung näßt Rainer erstmals zwei Wochen lang nicht ein. Diese Stunde stellt einen Wendepunkt in der Therapie dar. Ich denke, daß sowohl der Traum wie die positive Symptombewertung dabei beteiligt waren:
a) Der Traum drückte ein Problem aus, das für Vater und Mutter in ihrer Kindheit und für Rainer jetzt zutrifft: Ich bin traurig (und wütend), weil der Mensch, den ich so gern habe und so sehr brauche, einen anderen lieber hat als mich – und ich fühle micht machtlos und hoffnungslos.
b) Der auf die Traumerzählung folgende Verlauf der Sitzung zeigt, daß es heute eher Rainer ist, der sich von Mutter zurückzieht. Vermutlich nicht nur deswegen, weil er die «Rache der Außerirdischen» (den Vater) fürchtet, sondern auch, weil er jetzt kein Zweijähriger mehr ist, sondern ein großer Junge.
c) Dadurch aber, daß ich sein Verhalten als kindlich definiere, nehme ich es aus dem gefährlichen Bereich potentieller Rivalität zwischen Vater und Sohn heraus und mache es zu einem erlaubten.
d) Schließlich erfährt Rainer durch die positive Symptombewertung noch eine starke Aufwertung! Vorher ist er jemand, der alle, besonders aber die Mutter, belastet, jetzt aber jemand, der ihr etwas zuliebe tut. Zudem ist es nicht mehr allein sein Problem, sondern ein Problem von Mutter und Sohn. (Letztlich auch ein Problem zwischen Mann und Frau, weil es dem Mann noch nicht möglich ist, sich von seiner Mutter zu lösen. Das wird in den folgenden Sitzungen bearbeitet.)

Nach der 9. Sitzung ist Rainer trocken, nach der 11. wird die Therapie beendet. Jetzt, nach dreieinhalb Jahren steuert er auf die mittlere Reife zu und plant das Abitur zu machen. Einen Rückfall hat er nicht erlitten.

Martinas Höhlentraum

Die Therapie bei der 19jährigen Martina hatte ich zu einer Zeit übernommen, als ich noch vorwiegend Einzeltherapie betrieb, auch wenn gelegentlich Elterngespräche oder ein Familiengespräch stattfanden. Martina litt an einer Agoraphobie, die sie auf der Straße mit solcher Heftigkeit überfiel, daß der Vater sie täglich zu einem 30 km entfernten Ausbildungsort fahren und wieder abholen mußte. Ich sah das Problem damals als Ausdruck einer ödipalen Bindung, die Martina nicht aufgeben wollte. Ihre Beschwerden besserten sich in einer Einzeltherapie mit lockerer Stundenfolge (50 Sitzungen in 2 Jahren) schließlich soweit, daß sie ihre Ausbildung in einer weiter entfernten Stadt aufnehmen konnte.
Dort aber kam es dann immer wieder zu Angstdurchbrüchen und zu einer Reihe von quälenden Zwangsvorstellungen: War die Milch vergiftet oder nicht? Sollte sie dem unsinnigen Zwang nachgeben, ein Schrankbein abzusägen? Schließlich bat sie um einen Termin. Dabei erfuhr sie von mir, daß ich inzwischen überzeugt war, ihr mit Familientherapie besser helfen zu können. Sie bestand auf wenigstens einer Einzelsitzung vor dem Familiengespräch, weil sie soviel auf dem Herzen habe. Wie mir später klar wurde, benutzte sie diese dazu, mit Hilfe eines genau hierzu passenden Traumes das frühere Bündnis «Therapeutin und ich gemeinsam gegen Mutter» zu erneuern. Dieser Traum zeigte aber auch die in sich paradoxen und widersprüchlichen Erwartungen ihrer Eltern: Mutter wünschte sich einen depressiv passiven Jungen im blauen Faltenrock, Vater ein aktives Mädchen in roter Hose.
Als die Familie sich setzt, rückt Vater seinen Stuhl soweit zu-

rück, wie es irgend geht. Damit sagt er den beiden Frauen: «Macht den Sieger unter euch aus!» Martina setzt sich so, daß sie sich mir zuwendet, aber der Mutter halb den Rücken zudreht. Sie beginnt die Sitzung damit, daß sie sofort zwei Träume erzählt, die sie in dieser Nacht hatte:

1. Traum:
«Viele Leute, auch meine Eltern und ich, sind auf einer Bergwanderung in eine Höhle geraten. Vor dem Ausgang liegt ein großer Felsblock. Licht schimmert an seinen Spalten hindurch. In der Höhle aber ist es dunkel. Wir stehen ganz still und wagen nicht, den Stein wegzuwälzen oder uns auch nur zu rühren, sonst stürzt die Decke ein.»

2. Traum:
«Ich breche durch das Eis, sinke aber nicht tief ein, sondern bleibe halb auf dem Eis liegen. Ich schwimme in Richtung Ufer, wobei ich mich immer wieder mit dem Oberkörper auf das Eis vor mir schiebe, das aber auch immer wieder einbricht. Mich verfolgt ein Untier, halb Walfisch, halb Nilpferd. Aber dann dreht es ab und schwimmt wieder weg. Es guckt ganz freundlich. Ich klettere ans Ufer und breche erschöpft zusammen, aber ich bin gerettet.»

Der erste Traum drückt die Situation aus, in der die Familie sich befindet. In ihrer Entwicklung (Bergwanderung) ist sie durch die Adoleszenz der Tochter in eine Situation geraten, die, wie sie glauben, für viele Menschen typisch ist: Sie steht vor der Entscheidung, ob sie es wagen kann, aus der engen Geborgenheit der Familienhöhle, die wie ein Mutterleib sein sollte, herauszugehen beziehungsweise ob man Martina erlauben könne, herauszugehen, oder ob dann nicht die ganze Familie zusammenbrechen könne.
Wie sich im weiteren Verlauf der Therapie zeigt, ist diese Angst nicht unberechtigt. Die Abstände in dieser Familie sind aufs genaueste ausbalanciert und alles sehr brüchig. Man darf sich nicht

zu nahe kommen, aber es darf sich auch keiner zu weit entfernen. Dabei sind die Abstände ungleich. Vater und Martina stehen etwas näher beieinander und halten gegen Mutter zusammen, die sich oft vereinsamt fühlt.
Für die Einhaltung der «richtigen» Abstände ist Martina von beiden Herkunftsfamilien her beauftragt worden. Von Großmutter hat sie durch Vermittlung ihrer Mutter den Auftrag erhalten, darauf zu achten, daß die Eheleute einander nicht zu nahe kommen, gewissermaßen als Strafe dafür, daß Mutter Großmutter verließ, um im Ausland zu heiraten. Diese Delegation überspannt also drei Generationen. – Von Vaters Seite her hat sie in gleicher Weise den Auftrag erhalten, ihn so zu beschützen, wie es seine Großmutter und seine Lieblingsschwester getan hatten – hier reicht die Delegation sogar 4 Generationen zurück.
Martina lebt also in einem ständigen Streß: die Eltern einerseits zu trennen und andererseits darauf zu achten, daß Vater sich nie aus dem Kontrollbereich entfernt. Ihre Aufgabe wird dadurch erleichtert, daß jeder nur einen so geringen Individuationsgrad erreicht hat, daß er ohnehin kaum allein sein kann. Martina kann in ihrer Studentenbude in Panik geraten, und zum erstenmal erfährt die Familie, daß es Vater in seiner Studentenzeit ähnlich erging. Wenn Mutter allein im Haus ist, kann sie bei viel Selbstbeherrschung so gerade mit ihren Ängsten fertig werden. Vater sagt, daß er es zwar gut erträgt, allein zu sein, aber dann nicht arbeitsfähig ist. Am wohlsten fühlt er sich, wenn er allein in seinem Büro sitzt und Mutter irgendwo im Haus herumwerkt.
Martinas nächster Traum aus der gleichen Nacht ist erfreulicher: Er zeigt die Selbstheilungskräfte, die in der Familie stekken. Man kann ihn als einen Geburtstraum, als einen Individuationsschritt sehen. Die felsige Höhle als Bild für den Mutterleib ist ersetzt durch das des Sees, die brüchige Höhlendecke durch die brüchige Eisdecke, die auch die «Kälte» einer depressiven Mutter ausdrückt. Sieht man den Traum auf der Subjektstufe, dann löst sich Martina aus dem Fruchtwasser und läßt

ihre oralen Riesenansprüche (in Form von Nilpferd und Walfisch) hinter sich. (Ein Walfisch war früher im katathymen Bilderleben als Symbol ihrer unersättlichen oralen Ansprüche aufgetaucht.) Sieht man den Familientraum auf der Objektstufe, als ein Familiendrama auf innerpsychischer Bühne, dann gelingt es Martina, sich von der Familie zu lösen. Das merkwürdige Wassertier, halb Walfisch, halb Nilpferd, könnte vielleicht als Symbol der in ihrer Vorstellung noch nicht genügend getrennten Eltern aufgefaßt werden. Vielleicht drückt es aber auch deren widersprüchliche Erwartungen an Martina aus. Der Traum, der für diese Sitzung geträumt worden war, sagt aber auch zu den Eltern: «Ich hoffe, daß ihr mich weiterliebt, auch wenn ich den Familienuterus verlasse!»

Im Lauf dieser Sitzung beginnen die Eltern erstmals wirklich miteinander zu reden, weil ich die Vorschriften außer Kraft setze, daß Mutter sagt, was Martina fühlt, und Martina sagt, was Vater fühlt, die Eheleute nicht selbst miteinander reden dürfen, und Vater sich heraushält, wenn Martina Mutter gegenüber aggressiv wird.

Wir sprechen davon, daß sich die Eltern nicht so abschließen dürfen und auch einmal Gäste einladen sollen. Damit möchte ich das Subsystem der Eltern gegen Martina abgrenzen. Während dieses Gesprächs wird Martina immer unruhiger. Gegen Ende der Stunde frage ich, ob jeder eine Phantasie darüber entwickeln könne, wo er sich gerade im Raum befinde und in welcher Stellung.

Vater: «Ich schwebe aufrecht einen halben Meter über dem Boden. Die Phantasie habe ich oft, das ist, als ob ich unter der Dekke entlangginge und auf alle herunter sähe. Das ist mir auch am Anfang der Sitzung so ergangen.» Mutter: «Ich bin allein draußen auf dem Balkon.» (Es ist ein Novemberabend.) Martina ruft verzweifelt: «Ich will hier weg, ich will nach Hause, Gäste einladen.»

Vater hat also wieder «abgehoben» – das heißt, er möchte sich den ganzen Problemen entziehen und vermutlich wie auf den Armen seiner Mutter (oder Großmutter) das Gefühl haben, durch den Raum zu schweben und so allen anderen überlegen zu sein. Mutter drückt aus, daß sie allein ist. – Und Martina? Ganz offensichtlich rührt ihre Verzweiflung daher, daß sie die Kontrolle über die Eltern schwinden sieht, weil die Therapeutin sie ihr nehmen und den Eltern selbst geben will. Um die Eltern wieder zu entmachten und meinen Einfluß auszuschalten, will sie selbst die Gäste einladen.

Am Ende der Stunde hat also die regressive Tendenz, der Höhlentraum, wieder die Oberhand gewonnen, während der zweite prospektiver Natur ist, eine Aufgabe zeigt, die erst in der Zukunft geleistet werden soll.

Ich muß gestehen, daß mich das Ende der Stunde zunächst ziemlich deprimierte, bis ich acht Wochen später in der nächsten Sitzung erfuhr, daß es allen in der Zwischenzeit recht gut gegangen war. Martina hatte sich am Studienort wohl gefühlt. Mutter berichtet, daß sie selbstbewußter und weniger ängstlich geworden sei, und Vater hatte merkwürdigerweise seitdem nie wieder über dem Boden geschwebt. Das negative Ende der letzten Stunde hatte kompensatorisch einen positiven Gegenimpuls bei der Familie ausgelöst (wie es z.B. Whitaker und Liebermann 1964 bei Gruppenprozessen beschreiben).

Die Therapie war damit nicht zu Ende. Es kam noch einige Male zu Angstanfällen Martinas, wobei erst richtig deutlich wurde, daß sie vor allem von ihrem Auftrag herrührte, den Vater beschützen zu müssen, wenn sie ihn in realer oder fantasierter Gefahr glaubte. Aber schließlich war sie doch soweit angstfrei geworden, daß sie in ihrem Beruf arbeiten konnte, ohne ständig die Eltern kontrollieren zu müssen.

Träume in der pastoralpsychologischen Beratung

Nach den bahnbrechenden Erkenntnissen in der Traumpsychologie von S. Freud (Traumdeutung), C. G. Jung (Traumanalyse) und anderen Tiefenpsychologen äußern nach langjährigen Erfahrungen auch Theologen und Pastoralpsychologen (Scharfenberg/Kämpfer), daß für den Menschen der Umgang mit Symbolen lebensnotwendig ist. In Fortführung dieser Erfahrungen und Erkenntnisse möchte ich nach zirka zehnjähriger Arbeit mit Träumen in der Beratung und Psychotherapie beschreiben, daß Träume auch die Funktion als Ratgeber in Lebensfragen haben können. In Traumseminaren für Berater und Mitarbeiter(-innen) in Lebens-, Ehe- und Familienberatungsstellen in Baden haben wir anhand von Fallberichten mit Träumen studiert, wie diese in der Lebensberatung, Paarberatung und Familienberatung eine wegweisende und hilfreiche Funktion haben. Der beraterische Umgang mit Träumen soll jetzt für den Bereich der pastoralpsychologischen Beratung beschrieben werden. Durch mehrere Fallbesprechungen im Rahmen der pastoralpsychologischen Ausbildung konnte ich dazu Erfahrungen sammeln.

Aus den zahlreichen möglichen Begründungen für eine Arbeit mit Träumen in der pastoralpsychologischen Beratung nenne ich zunächst den Umgang mit persönlichem und ursprünglichem Erfahrungsmaterial des Ratsuchenden. Es sollte nicht nur «zu» den Menschen gesprochen werden, sondern «mit» den Ratsuchenden ein gemeinsames Gespräch über deren Probleme und Träume geführt werden, weil sich darin nicht selten hilfreiche Konfliktlösungen abzeichnen. Das Gesagte hängt eng mit dem dialogischen Prinzip zusammen. Der Traum ist eine ursprüngliche Lebensäußerung aus der Werkstatt der Seele, die

den Menschen in ein Zwiegespräch zieht, an dem sich der Pastoralpsychologe im Beratungsgespräch beteiligen sollte.
Eine weitere grundlegende Bedeutung messen wir der symbolpsychologischen Funktion der Träume bei. Seitdem viele Menschen wieder symbolbewußter geworden sind, sollte sich die Seelsorge und insbesondere die Pastoralpsychologie auf diese symbolische Kommunikation einstellen. Und schließlich dienen die Träume einer ganzheitlichen Lebenserfahrung. Da nicht selten in Träumen auch Symbole vorkommen, die in der biblischen Überlieferung eine Gotteserfahrung bezeugen, so ergeben sich durch die Arbeit mit Träumen auch Möglichkeiten einer religiösen Erfahrung. Das Traumverständnis der Bibel und die Symbole religiöser Träume habe ich in meinem Buch «Der Traum als Gottes vergessene Sprache» ausführlich beschrieben.

Traumerfahrung und Konfliktlösungen

Der Traum ist eine der grundlegendsten Lebenserfahrungen. Er widerfährt jedem Menschen, wenn der Schlaf das Ich-Bewußtsein absenkt. Die wissenschaftlich-experimentelle Schlaf- und Traumforschung hat erwiesen, daß jeder Mensch träumt. Das Träumen ist aus psychohygienischen Gründen notwendig für die Lebenserhaltung. Insbesondere verdient das Traumphänomen Beachtung wegen der in den Symbolbildungsprozessen zum Ausdruck kommenden Selbstregulierung der Psyche.
Aufgrund der Bearbeitung von ca. 80000 Träumen hat C. G. Jung in seinem umfangreichen wissenschaftlichen Werk zahlreiche Gesichtspunkte über das Wesen und die Funktion des Traumes formuliert, von denen einige in dem folgenden Zitat genannt werden: «Der immer wiederkehrende Traum ist ein beachtenswertes Phänomen. Gewöhnlich stellt er einen Versuch des Unbewußten dar, eine mangelhafte Lebenseinstellung des Träumers zu kompensieren; er kann aber auch aus einem traumatischen Erlebnis kommen oder manchmal einem wichtigen Ereignis vorausgehen» (Der Mensch und seine Symbole, S. 53).

Der Pastoralpsychologe lernt die kompensatorische Funktion der Träume durch seine «Lehranalyse» persönlich kennen. Dadurch übt er sich ein in den Umgang mit Träumen. Diese Selbsterfahrung und die Begegnung mit der eigenen Psyche können starke Erschütterungen auslösen und dadurch eine Sensibilität für das Gespräch mit Ratsuchenden fördern. In dem Erfahrungsbericht eines alten Pastoralpsychologen, Walter Uhsadel, heißt es über die Hinterfragung der theologischen Doktrinen (S. 111): «Ich begann, meiner Theologie zu mißtrauen, denn ich fing an einzusehen, daß die theologischen Doktrinen, die ich von meinen akademischen Lehrern mehr oder minder gutgläubig übernommen hatte, nur eine intellektualistische Fassade waren. Es schien mir notwendig, herauszufinden, wer oder was sich hinter der theologischen Schauseite verbarg. So begann ich, mich selbst hinter meiner Theologie zu sehen und zu überprüfen. Ich fing an, darüber zu staunen, wie wenig meine Kollegen sich darüber klar waren, daß es für sie nicht gut war, sich mit ihrer theologisch-doktrinär aufgebauten Persona zu identifizieren.» So wichtig die Persona als «Seelenmaske» (J. Jacobi) auch als Anpassungsform an die äußere Realität ist, ohne religiöse Erfahrung bleibt die theologische Lehre leer.
So grundlegend wie der Umgang mit dem Erfahrungsmaterial des Ratsuchenden in der pastoralpsychologischen Beratung ist, ist für den Dialog zwischen Seelsorge und Beratung auch der Erfahrungsbegriff, wie er in der Tiefenpsychologie verwendet wird. Dies soll beispielhaft an dem Erfahrungsbegriff der analytischen Psychologie C. G. Jungs kurz verdeutlicht werden. Für Jung ist «psychische Erfahrung die einzige unmittelbare Erfahrung» (Briefe I). In der gleichen Briefstelle an H. A. Murray äußert sich Jung unter Bezug auf die moderne Physik, daß der Körper und die Materie wie auch der Geist nicht primär dingliche oder geistige Dinge sind, sondern durch die psychische Erfahrung und über die daraus zu entwickelnden Methoden erfahrbar werden. An diesem Erfahrungsprozeß kann sich der Pastoralpsychologe beteiligen, indem er auf die Träume als einer ursprünglichen Selbsterfahrung eingeht.

Der Traum als Zwiegespräch

Das von Martin Buber herausgearbeitete «Dialogische Prinzip» entspricht dem Wesen des Traumes. Der Traum ist ein Zwiegespräch zwischen dem Ich-Bewußtsein und dem Selbst. (s. o. S. 55). Es ist ein Bilderstrom, der aus der Seele quillt und das Leben beeinflußt. In einer weniger bildhaften Sprache können wir die Wechselbeziehungen auch als Korrelation von Traum und Leben beschreiben.

Der Pastoralpsychologe erfährt wie jeder andere Mensch, daß in den Träumen die vielfältigsten Lebenserfahrungen ins Bild gesetzt werden. Es können längst vergangene Erlebnisse sein, die zu einem besonders aktuellen Zeitpunkt wieder in Erinnerung gerufen werden. Besonders durch den Traum kann die Vergangenheit in der Gegenwart nacherlebt werden. Zu den Erlebnissen, die wir längst abgeschlossen wähnten, gibt der Traum neue Aufschlüsse. Durch die kombinatorische Phantasietätigkeit der Psyche werden an aktualisierten Ereignissen neue Aspekte für den Lebensplan gezeigt. Es geht im Traum vermutlich so ähnlich zu wie in einem anregenden Gespräch. Durch die eingebrachten neuen Gesichtspunkte zu einem Gesprächsgegenstand kann jemandem aufgehen, daß er es so bisher noch gar nicht betrachtet hat. Ähnlich leiten Träume ein Zwiegespräch ein und können Problemlösungen vorbereiten und unterstützen.

Bei der Betrachtung des Traumes als Ratgeber erscheint es besonders wichtig, wie sich Krisen und Probleme in Träumen andeuten. Wie die meisten Probleme eine lange Vorgeschichte haben und erst, wenn das Maß voll ist, zum Ausbruch kommen, so kann sich die unbewußte Vorgeschichte einer Krise in der Bildersprache des Traumes zeigen und auf diese Weise zu einer Auseinandersetzung mit dem Konflikt beitragen. Ich halte es für ratsamer, daß jemand auf ein Problem vorbereitet wird, zum Beispiel durch Träume, als daß er völlig unvorbereitet davon überrollt wird. C. G. Jung zeigt an einigen Fällen, wie es tatsächlich zu Unfällen kommt, die hätten vermieden werden können, wenn die Träumer auf Anraten des Analytikers die Warnungen des Traumes beachtet hätten (Der Mensch und seine Symbole, S. 50f.).

Außer den unzähligen Wechselbeziehungen zwischen scheinbar vergangenen Erlebnissen und gegenwärtigen Ereignissen, die in die Traumprozesse eingehen, gibt es eine Korrelation zwischen Traum und Leben, über die ich in der Praxis immer wieder verwundert bin. Bei zahlreichen Besprechungen eines Traumes in einer Beratungs- oder Analysestunde kommt dem Träumer im Verlauf des Zwiegesprächs der entscheidende oder rettende «Einfall» zu einem manchmal dunkel und geheimnisvoll erscheinenden Traum. Selbst bei Analysanden, die durch eine längere Analyse im Umgang mit Träumen geübt sind, stellt sich die wesentliche und entscheidende Einsicht und Selbsterkenntnis im gemeisamen Zwiegespräch um den Traum erst in der Begegnung mit dem Therapeuten ein. Ich habe zahlreiche Fälle studiert und miterlebt, wo ich nicht einmal durch die richtige Frage, geschweige durch eine zutreffende Amplifikation mitbeteiligt war. Offenbar kann einzig durch die Beziehung und die vertrauensvolle Begegnung zwischen dem Berater und dem Ratsuchenden bei letzterem die durch den Traum vorbereitete Lösung begriffen werden. Wenn meine Beobachtungen und Erfahrungen von allgemeiner Bedeutung für die Beratung sein sollten, dann beruht die hilfreiche Wirkung und Funktion des pastoralpsychologischen Beraters weniger auf dessen umfangreicher tiefenpsychologisch-analytischer Ausbildung als vielmehr auf der Integrität seiner Persönlichkeit, indem er nicht durch eigene Komplexe oder «dumme Fragen» das Entstehen der Wahrheit aus dem Traum stört, sondern einen ermöglichenden Raum des Vertrauens stiftet, in dem sich der Träumer getraut, seine eigene Wahrheit zu finden.

Die aus den Tiefen des unbewußten Bilderstromes durch die Träume auftauchenden Symbolgestalten entfalten ihre analytisch-therapeutische Wirkung, indem das Ich-Bewußtsein den Sinn begreift und in Worte kleidet. In Analogie zu dem Orakel in Delphi, das nur «andeutete», haben die Träume die Funktion, Lösungen anzudeuten, die durch das erkennende Ich-Bewußtsein weiter ausgedeutet werden und im Leben entsprechend realisiert werden sollten. Das folgende Schema zeigt die mehrdeutigen Korrelationen zwischen Traum und Leben auf und weist darauf hin, wie durch Traum-Symbole Lösungen angeboten werden.

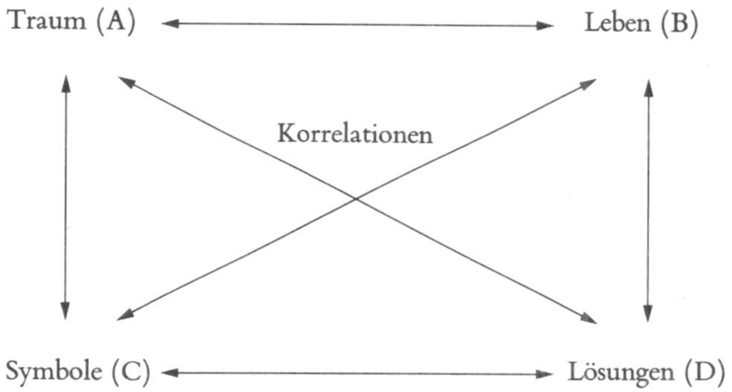

Die Korrelation A⟷B macht deutlich, daß Träume kein isoliertes psychisches Phänomen sind, sondern in Wechselbeziehung stehen zur Lebensgeschichte des Träumers und vice versa. Daß die Träume in ihrer Symbolsprache im allgemeinen keine «Patent-Lösungen» anbieten, sondern nur Ratschläge geben, die durch das Ich-Bewußtsein in das ganzheitliche Erleben eingegliedert werden müssen, sollte aus den bisherigen Ausführungen hervorgegangen sein. Da die Bildersprache der Symbole das entscheidendste «Sprachrohr» des Traums ist, will ich auf einige Symbolfunktionen näher eingehen.

Die Symbolfunktion der Psyche

Die Symbolbildungsprozesse in den Träumen gehören zu den großen Rätseln und Geheimnissen des Lebens, die der weiteren Erforschung harren. Nahezu jeder Traum führt den Menschen in kaum auszuschöpfende Tiefen des Erlebens, die dem erkennenden Ich-Bewußtsein erst im Schlafe erschlossen werden. Die empirische Traum- und Schlafforschung hat bewiesen, daß das Träumen für die Psychohygiene von grundlegender Bedeutung ist. Diese jüngsten Forschungen bestätigen die Erfahrungen aller Traumpsychologen. Als einer der genialsten Traumforscher beschreibt C.G. Jung die vermittelnde Funktion der Traumsymbole wie folgt: «Um der geistigen Stabilität und auch um der physiologischen Gesundheit willen müssen das Unbewußte und das Bewußtsein miteinander verbunden funktionieren. Werden sie voneinander getrennt oder ‹dissoziiert›, dann ergibt sich eine psychische Störung. Traumsymbole sind demnach die wichtigsten Mitteilungsträger von den instinktiven zu den rationalen Teilen des menschlichen Geistes, und ihre Deutung bereichert das Bewußtsein, das die vergessene Sprache der Instinkte wieder verstehen lernt» (Der Mensch und seine Symbole, S. 52). Die Traumsymbole verbinden also die Instinktsphäre und das Vegetativum mit den rationalen Ich-Funktionen des menschlichen Geistes.

Bei den verschiedenen psychischen Störungen, die eine Dissoziation von Persönlichkeitsanteilen anzeigen, wirkt die die Gegensätze verbindende Symbolfunktion als heilend. Der Symbolbildungsprozeß der Psyche ist ein Gestaltungsfaktor von lebenserhaltender und lebensfördernder Wirkung. Dieser Gestaltungsfaktor zeigt, daß der Mensch ein lebendiges Symbol ist. F. Seifert beschreibt diesen Faktor in der Psyche als «vis formativa», die durch das Ordnende und Führende gekennzeichnet ist. Diese formende und bildende Funktion der Psyche bewahrt das Leben vor dem Chaotischen und Psychotischen. Der Symbolbildungsprozeß wäre mit der Funktion eines geschickten «Organisators» zu vergleichen, der eine Korrelation zwischen der psychischen Energie und der Gestaltwerdung in den Bildern herstellt. Die Energie strahlt in den Bildern aus, und die Symbole bündeln diese Strahlungen und beeinflussen damit weitere Symbolfunktionen, die wir als Repräsentation und Imagination beschreiben. Nach der Symbolkonzeption von Paul Tillich sind die repräsentativen Symbole durch die Eigenschaft gekennzeichnet, über sich hinauszuweisen und neue Dimensionen zu eröffnen. «Das

Merkmal repräsentativer Symbole ist ihre Macht, Dimensionen der Wirklichkeit zu erschließen, die gewöhnlich durch die Vorherrschaft anderer Dimensionen verdeckt sind. Aber der menschliche Geist könnte diese neuen Dimensionen nicht ergreifen, wenn das Symbol nicht gleichzeitig auch in ihm eine neue Dimension öffnete...». Was Tillich hier (Symbol und Wirklichkeit, S. 4) über die theologische Funktion des Symbols ausführt, trifft ebenso für das tiefenpsychologische Symbolverständnis zu. Auch J. Scharfenberg führt in der schon genannten Schrift «Mit Symbolen leben» aus, daß der Mensch die Symbole zum Leben und Zusammenleben braucht.

Der Umgang mit Symbolen ist durch die Imagination näher zu beschreiben. Die Imagination ist wegen der psychischen Phantasietätigkeit auch als Psychoimagination zu bezeichnen. Es handelt sich dabei um einen spezifischen Umgang mit Traumsymbolen, der diesem Phänomen gemäß ist. Durch eine meditative und intuitive Betrachtungsweise läßt man ein Symbol auf sich wirken, um nachsinnend den Sinn zu erschließen und zur Sprache zu bringen. Durch die Sprache wird der Sinngehalt des Symbols verständlich und mitteilbar.

Die Imagination verhilft zur Integration der in den Projektionen veräußerlichten Persönlichkeitsanteilen. Der mittels des bildhaften Denkens Imaginierende nimmt sich dessen an, was ihm der Traum vor Augen führte. Ich beschreibe abschließend die in meiner Schrift «Religiöse Traumsymbolik» (S. 75) vorgestellte Methode der Psychoimagination anhand der vier Funktionen der Typologie von C. G. Jung, wobei wir eingedenk bleiben, daß im Akt der Imagination in den seltensten Fällen alle Funktionen gleichzeitig stark beteiligt sind:

«Mittels der Intuition erfaßt das Ich die Seinsmächtigkeit des Symbols. Diese Funktion hat eine besondere Affinität zu den religiösen Bildgestalten. Die Empfindung kann am Symbol die gegenwärtig wirksame Dynamik wahrnehmen. Diese Funktion ermöglicht weiterhin, die in der Imagination gewonnenen Erfahrungen mit der Realität zu verbinden. Das Erahnte und Imaginierte gilt es im Leben zu realisieren. Mit der Fühlfunktion vernimmt der Imaginierende die überzeugende Wirkung des Symbols, wie zum Beispiel Furcht oder Vertrauen, das Gefühl der Geborgenheit oder das Angerührtwerden von dem Heiligen. Das Denken schließlich ordnet die genannten Bilderfahrungen, indem es unter anderem das jeweilige Symbol einem archetypischem Symbolfeld zuordnet oder den Sinngehalt des Imaginierten formuliert.»

Die Ganzheitserfahrung in den Träumen

Durch die Einbeziehung der Träume in die pastoral-psychologische Beratung können bestimmte psychische Ganzheitserfahrungen studiert werden. Die Wiederentdeckung des Symbolischen und Imaginativen ermöglicht ein Ganzheitsverständnis des Menschen. An dem Traumphänomen selbst ist dieses Streben der Natur zu studieren, indem in den kompensatorischen und kombinatorischen Prozessen des Traums ein anordnender Faktor waltet, der offensichtlich nach Ganzwerdung und Heilung strebt.

Bereits die Traumstruktur läßt ein Wesensmerkmal der Ganzheit erkennen. Es handelt sich jeweils dann um einen ganzen Traum, wenn die vier Traumphasen hinreichend ausgestaltet sind. Da die Wesensmerkmale der Traumstruktur in den verschiedenen Einführungen in die analytische Psychologie mehrfach dargestellt wurden, weisen wir hier nur auf den dramatischen Phasenverlauf des Traumes hin (s. Jakobi, Die Psychologie von C. G. Jung).

Die vier Phasen der Traumstruktur gewinnen in den zwei Aspekten des Symbols eine besondere Verdichtung. Ein lebendiges Symbol beinhaltet «Sinnliches» und «Sinngebendes». Im Symbol sind Bildgestalt und Sinngehalt verbunden. Unser deutsches Wort Sinn-Bild drückt aus, daß im Symbol psychische Inhalte aus den verschiedenen Tiefenschichten der Person in eine Bildgestalt transformiert werden und diese zugleich einen bestimmten Sinn mitteilt.

Für die pastoralpsychologische Beratung ist der Symbolprozeß in der Psyche deswegen zu beachten, weil die Träume die gegenwärtige Realität transparent machen für zukünftige Lösungsmöglichkeiten. Der Traum ist der entscheidende Entwicklungshelfer zu einem ganzheitlichen Leben. Wenn sich die Beratung einzig auf das Ansichtigwerden von bewußten Lebensschwierigkeiten gründet, kann es sehr wohl sein, daß der Berater an der Oberfläche des Problems bleibt. Die bewußten Ansichten zu dem jeweiligen Problem können durch die Einsichten des Traumes in jene Tiefe geführt werden, wo die Wahrheit und Weisheit im Bilderstrom des Lebens strömt.
Da der Traum nicht nur ein Ratgeber in Lebensfragen ist, sondern im Hinblick auf ein ganzheitliches Menschenbild eine weitreichende Bedeutung hat, geben wir hier zur Anregung der weiteren Forschung folgenden Fragenkatalog von W. Stählin (S. 351) wieder:
«Welchen theologischen Rang hat der Traum? Wie verhält sich seine Aussage zum Wirken des Heiligen Geistes, dem ‹Überführen› = ‹die Augen auftun› und dem ‹Trösten› (‹Fürsprechen›, ‹Beistehen›)? Wie verhält sich die Ichwerdung zur Geburt Christi im Menschen, die Verwirklichung des ‹Selbst› zum Reifen des ‹neuen Menschen›? Wie verhält sich ‹Sünde› zu Neurose und ‹Vergebung› zu Heilung? Wie die Strukturwandlung eines Menschen, seine Ablösung von einer ihn entstellenden Gebundenheit, zur ‹Absolution›? Wie die Erlösung des Tierhaften im Menschen zu der Erlösung durch Jesus Christus? Wie das Leiden und seine Überwindung zu ‹Kreuz› und ‹Auferstehung›? Wie verhält sich das psychotherapeutische Ziel ‹aus Es soll Ich werden› zu den ethischen Weisungen des Neuen Testaments? Wie verhält sich die Ambivalenz der Symbole des Unbewußten zu Luthers Formel, der Mensch sei ‹simul iustus simul peccator›? In welchem Verhältnis steht die in der Psychotherapie erstrebte Umorientierung des Menschen zu der ‹Reinigung des Gewissens von den toten Werken› (Hebr 9,14)?»
Es kann hier, wie gesagt, nicht mehr die Aufgabe sein, die aufgeworfenen Fragen zu beantworten. Aufgrund meiner langjähri-

gen Arbeit mit Träumen in der Beratung und Psychotherapie kann ich feststellen, daß Träume sehr wohl trösten und überführen können. Gerade eine unbequeme und manchmal schmerzliche Selbsterkenntnis kann mit Hilfe eines Traumes eher akzeptiert werden. Ferner ist der Traum ein entscheidender «Entwicklungshelfer» zur Wandlung der Person, indem er eine «Ablösung von einer den Menschen entstellenden Gebundenheit» und die Verwicklung in Probleme auflösen hilft. Da der Mensch auch nach den tiefenpsychologischen Erfahrungen ein «zweigeteiltes Wesen» ist, behält die theologische Formel Luthers ihre Gültigkeit, daß der Mensch «simul iustus simul peccator» sei. Trotz der gebrochenen Ganzheit bemühen wir uns, durch den Umgang mit Träumen an der Ganzwerdung des Ratsuchenden zu arbeiten.

Der methodische Umgang mit Träumen

Einbringen von Träumen

Die Absprache beim Arbeitsbündnis:
Bei dem Arbeitsbündnis in der ersten Beratungsstunde werden die Einzelheiten des Settings besprochen. Dazu sollte auch die Mitteilung gehören, daß Träume in die Beratung eingebracht werden können. Ich bitte in der Regel die Ratsuchenden darum, mir den Traum, den sie besprechen wollen, aufgeschrieben mitzubringen. Dabei weise ich darauf hin, daß ein Traum so wortgetreu wie nur möglich aufgezeichnet werden sollte. Ich begründe die Einbeziehung der Träume damit, daß uns wie bei einem Videogerät hier ein «Film» vor Augen geführt wird, der uns die Ansicht der Psyche zu bestimmten Problemen zeigt. Durch die Einbeziehung des Traumes entsteht zwischen Ratsuchendem und Berater eine Beziehung auf der bewußten Wortebene und in der unbewußten Bildebene. Indem wir das Unbewußte zur Sprache bringen, versuchen wir die tiefgründigen Verstrickungen, die die Lebensschwierigkeiten und Probleme des Ratsuchenden verursachen, zu entwirren. Da die pastoralpsychologischen Berater nicht mit Psychotikern und anderen schwer gestörten Personen arbeiten dürfen, versteht es sich von selbst, daß in solchen Fällen die Arbeit mit Träumen ausgeschlossen wird.

Das Unbewußte zur Sprache bringen:
Durch das Erzählen und Aufschreiben des Traumes bringen wir das Unbewußte zur Sprache. Aus der Bildersprache des Traumes wird ein Text. Ich verwende den Begriff Text in seiner ursprünglichen Bedeutung von lateinisch «texere» = weben,

flechten; fügen, kunstvoll zusammenfügen. Der vom Träumer aufzuschreibende Traumtext sollte den Traum so genau wie möglich wiedergeben. Wer den persönlichen Umgang mit Träumen pflegt, der weiß, wie kreativ und wie schwierig es oftmals ist, das Geschaute in Worte zu kleiden. Oft hat man den Eindruck und das Empfinden, daß die Worte die Traumerfahrung noch nicht vollständig wiedergeben. Es geht vielen Träumern bei der Vertextung eines Traumes so ähnlich wie einem Menschen, der ein freudiges oder erschütterndes Erlebnis in Worte fassen will. Die Erfahrung ist ergreifender und umfassender, als Worte sie fassen können.
Für den beraterischen Umgang mit Träumen hat das Aufschreiben des Geträumten bereits eine strukturierende Funktion. Indem sich der Träumer mit Einfühlung und Phantasie bei der Aufzeichnung um die rechten Worte bemüht, fügt er kunstvoll zusammen, was die Psyche im Traum gewoben hat und in der oft dramatischen Traumhandlung an Verflechtungen zeigt. Da der Traum in der Regel einen bisher unbekannten und/oder unbewußten Tatbestand schildert, kann die sprachliche Gestaltung durch einen bestmöglichen Ausdruck dazu beitragen, daß Unbewußtes an das Ich-Bewußtsein angeschlossen wird.

Das (Nach-)Erzählen des Traumes:
Durch das Erzählen des Traumes in der Beratungsstunde kann mit der Stimme etwas von der Traumstimmung anklingen. Die bildhaften Manifestationen der unbewußten Psyche werden durch die Sprache hörbar gemacht. Während das Aufschreiben und die Vertextung des Traumes mehr einen Akt der Objektivierung darstellt, ist das Nacherzählen vor allem eine Subjektivierung, die zwischen Ratsuchendem und Berater einen Raum der Begegnung und Beziehung schafft. Im Idealfall sollte die ganze Person des Beraters zu einem «Resonanzraum» werden für die emotionale Gestimmtheit des Ratsuchenden und insbesondere für dessen Traum.
Was bei der Vertextung in der Gefahr steht festgeschrieben zu werden, kann durch die Sprache wieder flüssig werden. Ich habe

es mir zur Regel gemacht, auch einen aufgeschriebenen vorgelegten Traum nochmals vom Träumer erzählen zu lassen. Dabei konnte ich häufig beobachten, das gewisse Details und Stimmungen durch das Erzählen herausgearbeitet werden konnten. Die Besprechung eines Traumes fängt mit dessen Erzählen an.

Das Einbringen als Kommunikation:
Durch die Einbringung des Traumes in Text und Sprache entsteht eine bestimmte Atmosphäre und ein Raum für die Begegnung. Wie ein größeres Haus mehrere Etagen, viele Räume und in der Regel einen Keller hat, so durchschreitet der Träumer im Traum und wiederum im anschaulichen Nacherzählen die verschiedenen Sphären seiner Psyche und gelangt dabei durch die Wiedergabe von Basisgefühlen wie Angst, Wut, Freude und anderes in die Tiefe seiner Person.
Der Pastoralpsychologe speziell, der als Theologe in der Regel mit alten Texten arbeitet, bekommt durch den beraterischen Umgang mit Träumen einen Einblick in die Werkstatt der Symbole. Wegen der in weiten Bereichen der Theologie zu beobachtenden «Psychosklerose», deren besonderes Merkmal ein Spontaneitätsverlust ist, kann der Umgang mit Träumen zu einer Quelle erfrischender Erfahrungen werden. Die in den jahrtausendealten heiligen Texten gewonnene Erfahrung wird in den Träumen flüssig.
Die Träume schaffen einen Erfahrungsspielraum und regen zum Ausphantasieren neuer Lösungsmodelle an. In die veralteten Lebensmuster webt die Psyche in den Träumen neue Symbole. Das Sinnbild des Webens mit dem kunstvollen Zusammenfügen der Fäden zu einem Muster beschreibt die kombinatorische Phantasietätigkeit, die in den Träumen zum Ausdruck kommt. Darin sind vor allem die neuen Beziehungsmuster zu beachten, die die Kommunikation in der bewußten Lebenssphäre gestalten helfen. Was der in seinen Beziehungen gestörte Ratsuchende in seinen Träumen vermag, kann er im Leben langsam nachvollziehen.

Die emotionale Betroffenheit:
Das Traumgeschehen ist in der Regel von einer emotionalen Betroffenheit begleitet. Aus der «Bauch-Seele» stammen die Basisgefühle wie Wut, Angst, Freude, Liebe und andere grundlegende Primärgefühle. Die Redewendung «ich habe Wut im Bauch» verrät uns die Herkunft des Basisgefühls. Ein weiteres Ausdrucksorgan für die Gefühle ist das Herz. Es kann vor Freude klopfen oder als Seelenschmerz stechen. Zahlreiche alte Redewendungen bekunden die Erkenntnisse der psychosomatischen Medizin, daß die verschiedenen Organe so etwas wie Resonanzräume für Gefühle sind.
Die Traumstimmung kann im Traum-Geschehen so intensiv sein, daß wir aus Angst mit starkem Herzklopfen aufwachen. Oder eine Liebesszene kann so lebendig geträumt werden, daß es zu einem Orgasmus kommt. Eine bestimmte Traumstimmung kann oft stundenlang weiterschwingen und die Stimmung des Träumers nachhaltig beeinflussen. Im beraterischen Umgang mit Träumen sollen wir den Träumer dazu anhalten, sich in das jeweilige Basisgefühl einzufühlen. Da in der industrialisierten Arbeitswelt und auch in vielen zwischenmenschlichen Beziehungen wenig Raum für Gefühle ist, haben Träume eine lebendige Funktion für die Psychohygiene.

Die Empathie des Beraters:
Die Einfühlung ist für die emotionale Beziehung zwischen Ratsuchendem und Berater von grundlegender Bedeutung. Was ein Ratsuchender erzählt und mitteilt, sollte der Berater mitempfinden können. Die emotionale Betroffenheit des Ratsuchenden und dessen Traumstimmung sollten den Berater ergreifen und bestimmte Schwingungen oder Stimmungen auslösen. Ich möchte diese Übertragung von Gefühlen mit einem Bild aus der Musik beschreiben. Der Berater sollte als Resonanzraum fungieren, wie beispielsweise ein Cello oder eine Geige. Der Ratsuchende wäre in der Rolle des Spielers und der Traum ist das

Musikstück, in dem ein bestimmtes Thema erklingt. Wie man sich auf ein Musikstück einhört, so hört und fühlt sich der Berater auf die Mitteilungen des Ratsuchenden ein.
Der interpersonelle Wahrnehmungsprozeß kann durch Selbsterfahrung und Schulung vertieft und erweitert werden. Zur Förderung der Empathiefähigkeit werden in großen Beratungsstellen und Ausbildungsinstituten Videogeräte eingesezt. Mit der Aufzeichnung einer Therapiestunde auf ein Videoband möchte ich die Funktion des Traumes vergleichen. Der Traum ist die Aufzeichnung eines inneren Zwiegespräches. Oft zeigt sich im Traum auf der «Seelen-Bühne» das Drama eines Lebensschicksals eindrucksvoller, als es Worte vermitteln können. Ein Traum kann für den Berater eine Hilfe sein, sich in die Lage und die Erfahrung eines Ratsuchenden hineinzuversetzen.

Die Sympathie durch Symbole:
Die emotionale Betroffenheit des Träumers und die Empathie des Beraters erhalten durch den Umgang mit Symbolen eine wichtige Strukturierung. Die oft frei flottierenden Gefühle werden im Symbol gebündelt. Die Symbolbildung im Traum erscheint uns als das leidenschaftliche Bemühen der Psyche, für bisher unvereinbare Gegensätze, die zu den Konflikten führen, eine Lösung zu entwerfen. Der Ratsuchende und der Berater sollten das Pathos (im ursprünglich griechischen Sinne als Leidenschaft und/oder Ergriffenheit) der Psyche dadurch unterstützen, daß sie miteinander den in der Symbolbildung des Traumes eingeschlagenen Weg bewußt weitersinnen und den im Symbol bereits dargestellten Lösungsvorschlag ausphantasieren.
Die Sympathie als eine spontane und positive Gefühlsreaktion in der Übertragungs-Beziehung zwischen Ratsuchendem und Berater wird durch die Einbeziehung von Symbolen ergänzt und erweitert. Das Mitfühlen, das im tiefenpsychologischen Sinne auch unbewußte Zuneigungen beinhaltet, wird durch die Traumsymbole auf einen dritten Faktor gelenkt, der zwischen den zwei Personen Gestalt angenommen hat. Mit der Hinlen-

kung der Aufmerksamkeit und des Empfindens auf die Symbole handelt es sich um kein Ablenkungsmanöver von der Übertragung. Die unausschöpflichen Gefühle, die sonst einzig in die Übertragung fließen, erhalten durch die Symbole eine weitere Gestalt, an der sich die im Beratungsprozeß beteiligten Personen orientieren und strukturieren können.

Die Psychodynamik begreifen:
Da die Symbole sowohl in der Gefühlswelt als auch in der Bilderwelt verwurzelt sind, ermöglichen sie einen Umgang und ein Begreifen der Psychodynamik. Darunter verstehen wir in der Tiefenpsychologie die Gesamtheit der psychischen Antriebskräfte in einer Person. «Nach den neuesten Untersuchungen von A. Zweig sind die drei psychodynamischen Grundfunktionen der Motorik, Sensorik und des Gedächtnisses jede für sich als Vektoren und Tensoren innerhalb zweier Koordinationssysteme aufzufassen» (Surg, S. 58).
Das Verstehen der Psychodynamik ist weniger ein rationales Begreifen als vielmehr eine persönliche Ergriffenheit. Nach den bisherigen Ausführungen, die auf einem ganzheitlichen Menschenbild basieren, sollte deutlich geworden sein, daß das Erkennen und Begreifen in einer Korrelation zum Ergriffenwerden stehen. In diese Wechselbeziehungen bringen sich Ratsuchender und Berater miteinander ein, indem sie sich zu einer aktuellen Konfliktsituation in einen Traum einfühlen. Das Begreiflichmachen und das Durchschauen eines Problems aufgrund der Ergriffenheit sollte auch das sensible Antwortverhalten des Beraters bestimmen. Ich habe die Erfahrung gemacht, daß insbesondere die Anregung zur Konfliktlösung angenommen werden kann, die bereits durch einen Traum vorprogrammiert worden ist.

Einordnen der Träume

– in die aktuelle Lebenssituation:
Da der Traum nicht im luftleeren Raum spielt, ist dessen Einordnung in die aktuelle Lebenssituation wichtig. Die meisten Träume spiegeln den sogenannten Aktualkonflikt des Träumers. Die jeweiligen Bilder sind geprägt durch das, was den Ratsuchenden bewegt und umtreibt. In verschiedener Gestalt können die aktuellen Schwierigkeiten verschlüsselt oder offenbar in den Träumen erscheinen. In der Regel läßt sich eine Korrelation zwischen Traum und Aktualkonflikt aufspüren.
Der Berater sollte es dem Ratsuchenden überlassen, ob dieser in der Stunde mit dem Erzählen seiner aktuellen Schwierigkeiten oder mit einem Traum beginnt. Wird mit dem Traum begonnen, so ist durch Fragen dazu anzuregen, diesen auf die derzeitige Lebenssituation zu beziehen und die verschiedenen Korrelationen und Kompensationen herauszuarbeiten. Diese Arbeit, die den meisten Raum einer Stunde einnimmt, wird durch die Assoziationen des Träumers und die Amplifikationen des Beraters gefördert.

– in die Lebensgeschichte:
Häufig kommen in den Einfällen des Träumers wichtige oder traumatische Erfahrungen aus der Lebensgeschichte zur Sprache. Diese tragen dazu bei, den Traum auch im lebensgeschichtlichen Rahmen zu betrachten. Viele Träume zeigen, daß über längst vergessene Ereignisse noch kein Gras gewachsen ist. Besonders die sogenannten Fixierungen, die einen Menschen an schmerzliche Erfahrungen binden können, werden durch die Träume so lange zur Sprache gebracht, bis sich der Komplex löst und der Betreffende im Leben eine Lösung gefunden hat. Die Einordnung der Träume in die Lebensgeschichte sollten wir in der Regel unter einem kausalen und einem prospektiv-finalen Gesichtspunkt vollziehen. Mit der kausalen Betrachtungsweise begreifen wir die Wiederkehr des Verdrängten. Danach offenbaren die Träume das Gewordensein und die geschichtlichen

Erfahrungen des Menschen. Die prospektiven Bilder dagegen stellen neue Lebensmuster vor Augen. Diesen sollten Ratsuchender und Berater ihre besondere Aufmerksamkeit widmen und die Möglichkeiten einer gegenwärtigen Realisierung deuten.

– durch die Assoziationen:
Die Assoziationen sollen unter anderem dazu verhelfen, die im Traum erschienenen Personen, Dinge und Handlungen durch weiteres Erfahrungsmaterial auszugestalten und zu beleben. Die Einfälle sind Ausdruck einer unbewußt verlaufenden Selbsttätigkeit der Psyche. In der Traumbearbeitung der Tiefenpsychologie wird eine freie oder eine gerichtete Assoziation angewendet. Erstere wird in der Psychoanalyse nach Freud praktiziert, indem alle unwillkürlichen Gedankeneinfälle zuzulassen sind, auch solche, die sich nicht auf die Traumsituation beziehen, aber dennoch zu den Grundkomplexen hinführen.
Die gerichtete Assoziation, die von C. G. Jung und seiner Schule entwickelt wurde, hält den Träumer dazu an, von der gegebenen Traumsituation auszugehen und die Einfälle wiederum darauf zu beziehen. Auf die genannte Weise entwickelt sich ein dialektischer Prozeß, der das Zwiegespräch zwischen Ich-Bewußtsein und Selbst fördert. Die letztgenannte Methode ist nach meiner Überzeugung auch und gerade für den beraterischen Umgang mit Träumen geeignet, weil sie einmal den Berater vor einer Ausuferung der Assoziation bewahrt und zum anderen durch die Amplifikation eine Differenzierung erfährt, um den Bedeutungsgehalt des Traumes zu erhellen.

– durch die Amplifikationen:
Die Amplifikationsmethode dient der Erhellung und dem tieferen Verständnis des jeweiligen Traumbildes. Da der Bedeutungsgehalt eines Symbols in der Regel nicht auf die individuelle lebensgeschichtliche Erfahrung beschränkt ist, erschließt sich dessen umfangreicher Sinn durch die Erfahrungen aus der Menschheitsgeschichte, die ihren Niederschlag in einer reichhal-

tigen Symbolüberlieferung (wie Religionen, Mystik, Mythologie, Märchen, Kunst u.a.) gefunden hat. Das Sich-in-Beziehung-Setzen zu dem überpersönlichen Kulturgut der Menschheit erweitert den begrenzten Lebenshorizont des einzelnen und läßt erkennen, wie die Menschheit mit bestimmten Schwierigkeiten und Problemen umgegangen ist und welche Lösungsmöglichkeiten andere Menschen gefunden haben. Die Teilhabe an den kollektiven und archetypischen Symbolen ermöglicht dem einzelnen, sein Menschsein tiefer und ganzheitlicher zu verstehen.

Diese Methode der Amplifikation nimmt das Subjekt besonders aktiv mit in den Bearbeitungs- und Deutungsprozeß hinein. Wie bei der Meditation durch das beharrliche Umkreisen eines Wortes oder Symbols der Meditierende dessen Sinngehalt zu erfassen trachtet, so ist die Amplifikation als konzentrische Methode zu beschreiben, indem der Träumer das jeweilige Bild oder Symbol in den Mittelpunkt seiner Betrachtung stellt und mit allen Sinnen zu dem Bedeutungskern vorzudringen trachtet. Die Einfälle lassen eine konzentrische Anordnung um bestimmte Kristallisationspunkte erkennen und zeigen die dem Menschen mitgegebene Zielstrebigkeit in der Psyche auf. Darüber hinaus wird die an anderer Stelle dargestellte Korrelation zwischen Traum und Leben durch die Methode der Assoziation und Amplifikation erhellt und verständlicher. Insbesondere kann der Berater bei der Anwendung dieser Methoden staunend miterleben, wie in das jeweilige Traumbild vorausgegangene Lebenserfahrungen eingegangen sind, wie die individuellen Symbole den gegenwärtigen Standort zeigen und nicht selten die zukünftige psychologische Entwicklung andeuten.

Einsicht durch Träume

Abschließend unternehme ich den Versuch, einige Einsichten durch Träume zu beschreiben. Dabei bin ich aufgrund des beraterischen Umgangs mit Träumen der Vielfalt der Erfahrungen und der Vielgestaltigkeit der Träume eingedenk. Bei Praktikern ist es selbstverständlich, daß letztlich nur für den konkreten Fall eine stimmige Einsicht zu gewinnen ist. Dennoch möchte ich den Versuch unternehmen, ein paar Ergebnisse zu beschreiben, die jedem Berater den Freiraum lassen, seine vielleicht ganz anderen Erfahrungen zu machen.

Die andere Wesensseite sehen:
Die Träume verhelfen jedem Menschen dazu, seine unbewußte und andere Wesensseite zu sehen. Die Frage, ob das für jedermann notwendig und wünschenswert ist, lassen wir hier offen. Ein ratsuchender und leidender Mensch, der in seinen Schwierigkeiten verstrickt ist und anders keine Lösung gefunden hat, ist gehalten, die Schattenseiten seines Lebens ins Licht des Bewußtseins zu stellen. Wenn die unzähligen Täuschungsmanöver und Selbstbespiegelungen in die Sackgasse führten, bleibt für den Rückweg oft nur der Blick in den Spiegel des Traumes zur Selbsterkenntnis. Die «Spiegelungen der Seele» (M.L.v. Franz) sollten wir mit der gebührenden kritischen Funktion des Ich-Bewußtseins als mögliche Lösungsentwürfe betrachten. Dabei geht es nicht um eine «Traumgläubigkeit», sondern um das Einbeziehen der oft leidenschaftlichen Bemühungen der Seele, an einem Problem zu arbeiten. Abschließend verweise ich zu diesem Gesichtspunkt auf die an anderer Stelle beschriebene kompensatorische Funktion der Träume.

Die überzeugende Wirkung des Traumes:
Wer Erfahrungen im Umgang mit Menschen hat, der weiß, wie schwer es ist, jemanden für eine Wahrheit oder eine Sache zu überzeugen. Ähnlich geht es auch vielen Beratern, die mit zunehmender Praxiserfahrung bald erkennen, worin die Schwierigkeiten des Ratsuchenden begründet sind. Bekanntlich bleiben die Mitteilungen solcher Einsichten relativ wirkungslos. Erst, was aufgrund eigener Erfahrungen eingesehen wird, hat eine verändernde Wirkung auf das Leben des Menschen.
Die Wahrheit aus der eigenen Tiefe erweist sich im allgemeinen

als die über-zeugendste. Mit der besonderen Schreibweise des letzten Wortes sollte angezeigt werden, daß es sich bei diesem Prozeß um einen das Bewußtsein transzendierenden Akt handelt. Da die Überzeugung auch die bewußtseinstranszendenten Lebensbereiche berührt, sind die Botschaften und Einsichten, die der Traum aus diesem Bereich ins Bewußtsein hebt, besonders überzeugend. Ich habe in vielen Beratungsstunden miterlebt, daß selbst unangenehme Wahrheiten über die eigene Person aufgrund der Vorprogrammierung im Traum angenommen werden konnten.

Die Lösung im Symbol:
Die lebendigen Symbole, die aus dem eigenen Selbst geboren wurden, haben eine befreiende und erlösende Wirkung. Um keine übersteigerten Erwartungen aufkommen zu lassen, wiederhole ich, daß es sich in der Regel um keine Wunder oder Patentlösungen handelt. Die Lysis, die im Symbolbildungsprozeß des Traumes anhebt, bedarf der Auflösung und Entschlüsselung. Sicher haben Traumsymbole auch eine unbewußte Wirkung, die sich in Einzelfällen auch in einer Wunderheilung zeigen kann. Die Regel ist jedoch, daß ein oft mühevoller Umgang mit dem Symbol dessen Kraft im Leben zum Tragen bringt. Ähnlich wie im theologischen Bereich die höchsten Symbole, die Gott, Christus, Heiliger Geist oder Rechtfertigung genannt werden, durch den Glauben im Leben des Menschen ihre Wirkung haben, so erschließt sich durch die emotionale Beziehung zu den Symbolen deren lösende Wirkung. Die Symbole ermöglichen eine Kommunikation und lassen die Beziehungen zu sich selber und zu den Mitmenschen ganzheitlicher werden.

Träume erwecken Hoffnung:
Ich wäre in meinem Anliegen, die Träume als Ratgeber zu verstehen, völlig mißverstanden worden, wenn jetzt angenommen würde, daß sie als Allheilmittel für Leiden aller Art zu verwenden sind. Ich habe auch vor dem Mißverständnis des Traumes als Patentlösung gewarnt. Ferner konnte und wollte ich nicht

nach der üblichen wissenschaftlichen Manier die zahlreichen Wenn und Aber in die Erörterung einbeziehen. Ich habe lediglich konstruktive Aspekte für den beraterischen Umgang mit Träumen beschreiben wollen. Dazu gehört insbesondere die in der analytischen Psychologie C. G. Jungs und seiner Schule herausgearbeitete prospektiv-finale Funktion des Traumes (Jacobi, Psychologie, S. 160f.).

Die Träume können Hoffnung erwecken. Ich habe bei depressiv verstimmten Menschen oftmals miterlebt, daß sie durch ein mutmachendes Traumbild hoffnungsvoll die Beratungsstunde verließen. Obgleich in den Sachregistern der Gesammelten Werke C. G. Jungs und anderer bedeutender Tiefenpsychologen das Wort Hoffnung expressis verbis kaum vorkommt, kommt dieses Basisgefühl menschlicher Existenz unter anderen Begriffen zur Sprache, wie beispielsweise in der prospektiv-finalen Funktion des Traumes und in dem Drang des Lebens nach Individuation und Ganzwerdung.

Traum und Tod

Nachdem wir in unseren bisherigen Ausführungen zahlreiche Korrelationen zwischen Träumen und Lebenserfahrungen des Menschen beschrieben haben, fragen wir, ob sich beim Ableben eines Menschen der Traum ein letztes Mal zu Worte meldet und in Bildersprache und Symbolen eine wichtige Botschaft mitteilt. Was träumt ein sterbender Mensch? Wie transzendieren die Imaginationen eines Sterbenden das Leben?

Unterwegs zu den «Blauen Bergen»

Auf die Wechselbeziehungen von Traum und Tod wurde der Verfasser vor zirka zehn Jahren durch folgendes Erlebnis aufmerksam. Als Seelsorger kam ich bei meinen turnusmäßigen Besuchen im Krankenhaus in ein Einzelzimmer, in dem ein mir bekannter Mann von Mitte Fünfzig lag. Bereits in anderen Begegnungen war mir dieser Landwirt in seiner schlichten Menschenfreundlichkeit, Güte und Warmherzigkeit aufgefallen. Unausgesprochen bestand seit Jahren zwischen uns eine vertrauensvolle Beziehung. Nach der kurzen Begrüßung am Krankenbett stellte sich bei mir, trotz der gelassenen Heiterkeit dieses Mannes, ein für mich zunächst unverständliches Gefühl der Betroffenheit ein. Irgendwie verbreitete sich eine numinose Atmosphäre in diesem Krankenzimmer, die mir später durch einen Traum von Herrn Sch. verständlich wurde. Während ich sonst bei anderen Besuchen darauf bedacht war, an passender Stelle meinen seelsorgerlichen Trostzuspruch zu sagen, wurde mir an diesem Krankenbett alsbald klar, daß dieses Vorgehen hier nicht angezeigt war. So schwiegen wir miteinander. Es war kein unangenehmes oder betretenes Schweigen. Von Zeit zu Zeit blickten wir uns freundlich an und standen auf nonverbale Weise miteinander in Beziehung. Durch diese Kommunikation begann ich zu ahnen, daß Herr Sch. irgendein Geheimnis habe, das ihn so gelassen und getrost sein ließ.

Nach etwa einer Viertelstunde unseres «beredten Schweigens» formulierte ich in einer dieser Atmosphäre angemessenen Weise mein Angerührtsein und meine Betroffenheit durch die Anwesenheit von etwas «Heiligem», das ich zunächst noch nicht näher benennen und verstehen könne. Vielleicht könne Herr Sch. sagen, was hier vorgehe und was er empfinde. Vielleicht könne uns auch ein Traum aus den letzten Tagen Aufschluß darüber geben, was hier geschehe. Spontan erzählte Herr Sch. darauf folgenden Traum:

«Ich bin in einer mir fremden ländlichen Gegend.

Ich bin unterwegs zu den ‹Blauen Bergen›. Ich habe einen Begleiter bei mir, der den Weg kennt.

Ich gehe mit ihm.»

Die Worte des Traumes, die ich in freier Formulierung wiedergebe, kamen Herrn Sch. langsam und etwas mühsam über die Lippen, wie es bei Schwerkranken der Fall ist. Der kurze Text erweckte in mir die Ahnung, daß Herr Sch. unterwegs war zu seiner «Ewigkeit», die in dem Sinnbild der «Blauen Berge» angedeutet wurde. Wie unser kurzes Gespräch über den Traum zeigte, hatte Herr Sch. «in, mit und unter» den Bildern dieses Traumes die Botschaft verstanden. Zu der Atmosphäre und Gestimmtheit im Traum wurde ganz kurz berichtet, daß alles so «feierlich» gewesen sei und er gar keine Angst in jener fremden Gegend gehabt habe. Zu der Wanderung fielen dem Träumer beeindruckende Erlebnisse aus der Kindheit ein, wenn er mit seinen Eltern sonntags auf dem Kirchweg durch die Wiesen und Felder gegangen sei und schon von weitem die Glocken läuten gehört habe. Auch später im Leben sei er stets sonntags gerne mit dem Fahrrad alleine durch die Felder gefahren und habe seinen «Herrgott» in der Natur erlebt.

Da dieser gestandene Mann seine Erinnerungen und Erlebnisse

nicht in einer verklärten und schwärmerischen Weise erzählte, sondern mir den Eindruck des für ihn Stimmigen vermittelte, konnte ich darin – insbesondere in dem Traum – die Stimme der Transzendenz vernehmen. Ich teilte Herrn Sch. darauf einige meiner Empfindungen und Einfälle zu dem Traum mit und sagte etwa sinngemäß, daß in die Landschaft seines Lebens eine Erfahrung eingebettet sei, die in den Tagen der Krankheit und wohl auch im Angesicht des Todes tröstlich sei. Ich hob nochmals die Feierlichkeit und die Angstlosigkeit hervor und ermutigte dazu, mit dem fremden Wegbegleiter zu gehen. Da zu dieser Gestalt keinerlei weitere Angaben von dem Träumer gemacht werden konnten, als daß man sich gut kenne und vertraue, erzählte ich, daß dieser «Seelengeleiter» in Träumen, Märchen und anderen geheimnisvollen Geschichten die Funktion habe, den Betreffenden an sein Ziel zu bringen. Dieses Ziel sei in den «Blauen Bergen» angedeutet, die wohl die Ähnlichkeit hätten mit dem blauen Himmel über uns. Ich beschloß dieses von tiefer Ehrfucht vor der Anwesenheit des Numinosen erfüllte Gespräch mit den Worten des 121. Psalms:

Ich hebe meine Augen auf zu den Bergen:
woher wird mir Hilfe kommen?
Meine Hilfe kommt von dem Herrn,
der Himmel und Erde gemacht hat.
Er kann deinen Fuß nicht gleiten lassen;
der dich behütet, kann nicht schlummern!
Nein, er schlummert nicht und schläft nicht,
der Israel behütet.
Der Herr ist dein Hüter, der Herr dein Schatten,
er geht zu deiner Rechten:
bei Tage wird dich die Sonne nicht stechen,
noch der Mond des Nachts.
Der Herr behütet dich vor allem Übel,
er behütet dein Leben.
Der Herr behütet deinen Ausgang und Eingang,
jetzt und immerdar.

Nach dem Erfahrungsbericht möchte ich jetzt einige Amplifikationen und Reflexionen zu den Bildern des Traumes anschließen, um die Korrelation Tod⟷Traum zu verdeutlichen. Dabei bleiben wir stets eingedenk, daß auf diese Weise nur ein bescheidenes Licht der Erkenntnis in das Dunkel des Großen Geheimnisses eindringt, das mit dem Wort «Tod» umschrieben wird. Der kundige und vertrauensvolle Weggeleiter im Traum von Herrn Sch. ist ein Psychopompos und/oder Guru. Die gleiche Funktion hatte in der Alchemie Hermes-Mercurius. In den kulturgeschichtlichen und religiösen Überlieferungen der Völker haben die Menschen dieser transzendierenden Gestalt die verschiedensten Namen gegeben. Letztlich sind diese Gestalten Abbilder der Psyche in ihrer wegweisenden und transzendierenden Funktion. Wie Hermes ein die Grenzen überschreitender Gott ist, so begleitete der Seelenbegleiter wohl unseren Sterbenden über die Grenze.

Das Ziel der Wanderung sind die «Blauen Berge». Es ist kein konkreter Ort in dieser Welt. Wie das Blau des Himmels sind die Blauen Berge ein symbolischer Ort für das Jenseitige. Nach der biblischen Überlieferung hat sich der Gott Israels auf dem Berg Sinai offenbart und sein Gesetz kundgetan. Nach dieser religiösen Tradition wurden immer wieder Berge zum Wohnsitz Gottes erhoben. Zu diesen heiligen Bergen pilgerten die Frommen, um in Gottes Nähe zu kommen. Auch die «Berg»-Predigt Jesu wird an diesen symbolträchtigen Ort verlegt, an dem Christus das Grundgesetz seiner Lehre verkündigt (Matthäus 5,1). Die sogenannte «Verklärung» Jesu (Matthäus 17) und seine glorreiche «Himmelfahrt» (Apostelgeschichte 1) ereignen sich ebenfalls auf einem Berg.

Zu dem archetypischen Symbolfeld des Berges gehören ferner der Gottesname «Fels» und der Stein. In dem Lied des Mose beispielsweise wird Gott mehrfach «Fels» genannt und unter anderem die merkwürdige Vorstellung ausgesprochen: «Des Felses, der dich gezeugt, gedachtest du nicht» (5 Mose 32,18.4.30f.). In diesem Motiv scheint eine alte und mystische Vorstellung ihren Niederschlag gefunden zu haben, daß dem

Fels eine zeugende Potenz innewohnt. Ähnlich verhält es sich mit der Symbolik des Steins in dem Großen Traum des Königs Nebukadnezar. Das überaus große Standbild wurde von einem Stein, der ohne Zutun von Menschenhand vom Berge losbrach, zerschmettert. «Der Stein aber, der das Bild zerschlug, ward zu einem großen Berge und erfüllte die ganze Erde» (Daniel 2,34f.). In der jüdischen Exegese wird diese Symbolik auf den Messias gedeutet, dessen kommende Herrschaft die Welt erfüllt und die falschen Gottesbilder zerstört.

Schließlich erwähnen wir noch die Symbolik des Steins in der Alchemie. C.G.Jungs Studien über die Alchemie haben gezeigt, daß der Stein der Weisen ein Transzendenzsymbol ist. Dem Stein werden göttliche Eigenschaften und Funktionen zugeschrieben. Trefflich beschreibt M.L.v.Franz die kompensatorische Funktion des Steines als Ergänzung des dogmatischen Christusbildes (C.G.Jung, S.287):

«Es ist kein Zufall, daß die Alchemisten für ihr Gottesbild das Symbol eines *Steines* wählten, ist doch damit das Prinzip der Materie besonders betont sowie seine allgemeine Verbreitung, seine ‹Billigkeit› und die Tatsache, daß es im Prinzip in jedermanns Reichweite liegt. Alle diese Eigenschaften kompensieren gewisse Mängel des offiziellen kirchlichen Christusbildes, nämlich eine für menschliche Bedürfnisse zu dünne Luft, eine zu große Distanz und eine leergelassene Stelle im menschlichen Herzen. Man ermangelte des ‹inneren› und jedem Menschen zugehörigen Christus. Seine Geistigkeit war zu hoch und die Natürlichkeit des Menschen zu niedrig. Im Bilde des Steins aber ist das ‹Fleisch› erhöht, wobei es nicht etwa zu Geist sublimiert ist, sondern umgekehrt der Geist zu etwas Stofflichem verdichtet erscheint. Der Stein ist darum Symbol des inneren Gottes im Menschen, und er ist zudem, nicht wie Christus nur ein ‹Menschensohn›, sondern ein ‹Sohn des Universums› (filius macrocosmi), denn er stammt nicht aus dem bewußten Geist des Menschen, sondern aus jenen psychischen Grenzgebieten, die in das Geheimnis der Weltmaterie münden.»

Die nur kurz angeführten Beispiele zur Symbolik des Berges, des

Felsens und des Steines scheinen sich in die Kollektivpsyche der Menschheit als Bild für einen transzendenten Ort und eine ewige Bleibe eingeprägt zu haben. Dorthin ist auch unser Träumer auf dem Wege.

Träume vor dem Tod

Die folgenden Träume sollen vor allem unter dem Gesichtspunkt betrachtet werden, wie die Bildersprache der Psyche sich zu den Problemen des unausweichlichen Todes äußert. Obgleich dieses tragische Einzelschicksal eines Mannes in der Lebensmitte nicht verallgemeinert werden kann und soll, ist es doch eindrucksvoll zu sehen, wie aus der Tiefenperson des Träumers das Wissen um die Krankheit zum Tode aufsteigt. Dies geschieht wohl letztlich auch zu dem Zweck, das Ich-Bewußtsein nicht unbewußt und ohne (Er-)Kenntnis in das Dunkel der tödlichen Krankheit gehen zu lassen. Da dem Verfasser vor allem an dem Aufzeigen dieser Problematik gelegen ist, mögen die wenigen Assoziationen des Träumers nicht als Mangel empfunden werden. Es geht uns in diesem Fall weniger um den klassisch analytischen Umgang mit Träumen bei der Psychotherapie eines Sterbenden als vielmehr um die Weisheit der Seele, einen Menschen auf das Kommende vorzubereiten. Ich verdanke dieses Fallbeispiel der im Vorwort genannten Kollegin, Frau Dr. Hildebrandt, deren kurze Aufzeichnungen ich ergänzt und an einigen Stellen kommentiert habe. Die persönlichen Lebensdaten des Patienten wurden verändert.

Der damals 45jährige Herr F. suchte mich wegen seiner seit zwanzig Jahren bestehenden Straßenangst auf. Der zarte, feingliedrige, differenziert wirkende Mann hatte bereits mit einigen Ärzten tiefenpsychologische Gespräche geführt und sich viele Gedanken über seine Probleme gemacht. Er wußte, daß 1951 seine Verlobung mit seiner jetzigen Frau die Symptomatik ausgelöst hatte. Er wußte ferner, daß seine dominierende kluge Mutter in der Ehe den kleinen, humorvollen Vater unterdrückt hatte. Ebenso wußte er, daß er nach der 6 Jahre älteren Schwester und dem 2 Jahre älteren Bruder nicht mehr eingeplant war, zumal die Eltern bereits 41 und 56 Jahre alt waren. Beiden Eltern war eine gewissen «Weltfremdheit» eigen. Der Vater war als Lehrer für Musik, alte Sprachen und Russisch tätig. Er verstarb, als der Patient 10 Jahre alt war. Da der Bruder im Krieg fiel, fehlte dem Analysanden in der Familie jegliche Identifikationsmöglichkeit mit dem Männlichen.

Herr F. faßte seine ihn prägenden und grundlegenden Lebenserfahrungen – die wohl größtenteils durch die vorausgehenden Gespräche bei den anderen Ärzten mitbestimmt wurden – wie folgt in dem Erstgespräch zusammen:

- Überbehütetsein durch die Mutter;
- eine negative Schau der Welt;
- eine strenge christliche Moral.

Der Patient unterscheidet deutlich zwischen einem «strafenden, streitbaren Gott», der hinter der Mutter stehe, und dem «guten, behütenden, väterlichen Gott». Herr F. hatte auch beobachtet, daß die Platzangst immer wieder erneut aufkam, wenn er sich verliebte – und das war sehr oft. Diese Flirts hoben sein Selbstgefühl. Er meinte ferner, daß er die Phase der Schwärmerei übersprungen habe, da er von der Bindung an die Mutter in die Verbindung mit seiner Frau geraten sei. Er möchte «Liebe in unnüchtener Form nachholen». Nach Abschluß dieser stets platonischen Romanzen trat die Phobie heftiger auf. Das veranschaulicht er mit dem Satz: «Sobald das Ziel aus den Augen verloren ist, verschlingt mich der Weg.»

Dies alles war Herrn F. nunmehr bewußt – was führte ihn zu mir? Am Ende des Erstgesprächs teilte er mir mit, daß vor zehn Monaten die Diagnose «Leberhodgkin» gestellt worden war, also Lymphdrüsenkrebs. Er hatte auch bereits eine entsprechende medikamentöse Behandlung bekommen und meinte, daß die Krankheit nicht bedrückend für ihn sei. So begann also unsere Zusammenarbeit unter recht ernsten Vorzeichen. Sie umfaßte 120 Gespräche bis zu seinem Tode.

Herr F. schickte mir ein paar Tage nach dem Erstgespräch folgenden Initialtraum:

«Ich befinde mich mit meinem Sohn Bastian auf der Hauptstraße, um K. Müller zum Geburtstag zu gratulieren. Bastian schiebt ein Fahrrad. Ich hatte eigentlich die Absicht, ein Buch als Geschenk mitzubringen, stelle nun aber fest, daß ich das Buch vergessen habe. Es ist ein Samstag, kurz vor 13.00 Uhr. Die Geschäfte haben geschlossen. Nur ein Eckladen ist noch auf. Ich gehe darauf zu, trete ein. Ein Mann fragt nach meinen Wünschen. Ich schaue um mich, bemerke, daß es ein Obstladen ist. Ich sage zu ihm: ‹Ich möchte ein Obstarrangement für einen Geburtstag.› – ‹Bitte, suchen Sie sich etwas aus.› Er nimmt einen Korb. Ich finde nichts, was mich befriedigt. Es gibt in diesem Laden zu wenig Auswahl. Schließlich wähle ich eine kleine Ananasfrucht und tue sie in den Korb. Dann versuche ich es mit einigen Äpfeln, aber die passen nicht dazu. Es sind nur grüne, häßliche Äpfel vorhanden, keine roten glänzenden. Auch keine Apfelsinen, Pfirsiche, kein anderes Obst. ‹Haben Sie nichts Schöneres›, frage ich. Er schlägt Fruchtsaft vor, holt eine Holzschale, die undurchlässig ist und löffelt in diese Schale den Saft. Zuvor hatte er die Ananasfrucht hineingelegt. Langsam verschwindet die Frucht im Saft. Ich finde diese Lösung auch jetzt noch nicht optisch schön, denke aber: der Saft schmeckt bestimmt gut, aber ob auch Müller den mag?
So wende ich mich wieder an den Verkäufer und sage: ‹Was haben Sie eigentlich noch anzubieten?› Er bietet mir ein angeschnittenes Brot an. ‹Nein›, sage ich, ‹geben Sie mir lieber ein Salzbrot.› Ich hatte auf dem Regal einige entdeckt. ‹Aber›, füge ich hinzu, ‹es muß milde sein, nicht zu salzig, nicht zu scharf.› Dann nehme ich die Obstschale und das Brot und sage zu Bastian: ‹Schiebe du das Rad.› Und während wir die Straße entlang gehen, denke ich: Vielleicht ist Müller gar nicht da, die Ausgabe umsonst, und er feiert mit seinen Amtskollegen.»
Bei der Besprechung dieses Traumes wurde die anspruchsvolle Haltung und die komplizierte Einstellung von Herrn F. deutlich. Ferner ging es darum, welchen besonderen Stellenwert das sogenannte «Schöne» und die Ästhetik für ihn hatten. Als merkwürdig empfand der Träumer das Eintauchen der Frucht

in den Saft. Nach den Einfällen des Träumers löst sich die Frucht in eine rote Flüssigkeit auf. Der Analytikerin kam die Phantasie, daß sich in diesem Bild der Lymphdrüsenkrebs widerspiegele. Herr F. berichtete ferner, daß K. Müller ein Arzt sei, der mit seiner Cousine verheiratet sei. Diese sei eine von seinen Freundinnen und späteren Geliebten gewesen. Im Verlaufe der weiteren Analysestunden redete Herr F. recht ausweichend über seine Schwierigkeiten, indem er sie verschleierte und beschönigte. Dieser Charakterzug kommt im Traum zum Ausdruck in den Aussagen: «Ich finde nichts, was mich befriedigt. Es gibt ... zu wenig Auswahl ... Was haben Sie eigentlich noch anzubieten?»

Die Therapeutin erkannte stillschweigend in dem Wählerischsein dem Ladenbesitzer gegenüber, wie heikel es mit der Übertragungsbeziehung zwischen ihnen werden könnte. Die volkstümliche Redensart von einem Laden oder gar von einem «Saft-Laden» zu sprechen, wenn man bei einem Geschäft oder einer Person gegenüber seine Bedenken hat, scheint zufällig oder gar absichtlich mit der Bildgestaltung im Traum im Zusammenhang zu stehen. Nur am Rande sei dazu erwähnt, daß sich zahlreiche Traumbilder auch oder gerade durch Redensarten entschlüsseln lassen. Hier zeigt sich ein noch wenig erforschtes Arbeitsfeld, die Beziehungen zwischen Traum und bildhaften Redewendungen zu studieren und für die Traumdeutung nutzbar zu machen. Kehren wir nochmals zu obigem Traumbild zurück und erkennen in dem «Obstladen» den Raum der Therapie, so läßt sich einerseits die Ironie in diesem Bild nicht übersehen. Andererseits erhält der Patient in diesem Laden die Obstschale mit dem Saft, in dem sich die ausgewählte Frucht auflöst. Aus der Rückschau wissen wir, daß sich in diesem Bild der tragische Tod ankündigt.

Der Obstkorb für das Obstarrangement zum Geburtstag versinnbildlicht in diesem Falle das Einsammeln der «Lebensfrüchte». Die Psyche scheint mit den Bildern aus dem vegetativen Lebenskreis die gleichen Sachverhalte auszudrücken wie die Sprache. Wir sprechen noch heute von der Leibesfrucht, wenn wir das wachsende Baby im Bauch der Mutter meinen. Die Ananas, die noch im 18. Jahrhundert gelegentlich «Königsapfel» genannt wurde, wird vom Träumer als Selbst-Symbol gewählt. Aus der Rückschau und dem Überblick über den tragischen Ausgang des Lebens läßt sich sagen, daß hier die weise Voraussicht der Psyche ins Bild setzt, was im Nachvollzug des Lebens dem Träumer widerfahren wird. Wie zahlreiche andere Analytiker, die die Initialträume für die Diagnostik und Prognostik sehr sorgfältig beachten, so fand ich häufig die Weitsicht der Psyche in den Initialträumen bestätigt.

Vermutlich stellt sich bei manchem Leser die Frage nach der «Vorprogrammierung» des Lebens, die sich in den Träumen ins Bild setzt. Hier berühren wir bestimmte Grenzfragen des Lebens schlechthin. Vermutlich entscheiden sich die einen lieber zu der Grundauffassung: «Was ich nicht weiß, macht mich nicht heiß!» Diese Einstellung hat ihre Berechtigung und erspart manche Ängste und Auseinandersetzung mit dem unausweichlich Kommenden. Wiederum andere Menschen möchten die Augen vor der Zukunft nicht verschließen. Ihnen geben die Träume Fingerzeige. Aus der Rückschau und Reflexion über diesen Traum hören wir die Botschaft: Carpe diem! Pflücke den Tag aus beziehungsweise nütze die verbleibenden Lebenstage. Das zunächst stumme Sprachbild des Traumes erhält durch diese Entschlüsselung eine äußerst aktuelle Information.

Auch in der religiösen Sprache wird von der «Frucht des Geistes» geredet, wenn spirituelle Lebensqualitäten wie Gerechtigkeit, Gütigkeit, Freude oder Liebe gemeint sind (Galater 5,22; Epheser 5,9). So drückt unser Traumbild von den Früchten das Suchen und Bangen um die Fruchtbarkeit (und «Furchtbarkeit») des Lebens aus.

Nach der symbol-psychologischen Betrachtungsweise läßt sich sagen, daß die sich auflösende Ananasfrucht das sich durch den Lymphdrüsenkrebs auflösende Leben des Träumers darstellt. Da diese Lösung nicht «optisch schön» ist (wie es im Traum heißt), sieht der Patient sich nach einer optimaleren Lösung um, die im Brot besteht. Schließlich sehen wir den Träumer am Schluß mit der Obstschale, mit dem Fruchtsaft und dem Brot, während er das Fahrrad seinem Sohn übergibt. Es hat den Anschein, daß Herr F. des für die reale Fortbewegung nötigen Vehikels (Fahrrad) nicht mehr bedarf, sondern mit den beiden Elementen Brot und Fruchtschale fortgeht. Dazu fallen der Analytikerin aus dem religiösen Symbolfeld Brot und Wein ein als Elemente bei der Kommunion und als «Wegzehrung» für den letzten Weg aus diesem Leben. Was in der letzten Traumszene an transzendentaler Symbolik antönt, erhält in späteren Träumen eine weitere Ausgestaltung.

Wenige Tage später wird durch einen weiteren Traum die eigentliche Thematik unserer Zusammenarbeit verdeutlicht:

«Zu drei Mann liegen wir in einem hellen Zimmer, ein Fenster führt in eine Art Wald. Das Zimmer ist zu ebener Erde, eine Mischung zwischen Kaserne und Krankenhaus, wir sind zum Sterben bestimmt. Zuerst keine Angst, der Augenblick des Todes ist noch weit. Eine Schwester kommt lächelnd herein und fragt nach unseren letzten Wünschen. Sie war eine Mischung zwischen meiner Stationsschwester im Krankenhaus und Ihnen. Das Lächeln war nicht verletzend, sie vergaß alles, was man ihr sagte. Die beiden anderen wünschen sich stammelnd etwas zu essen. Ich eine Vitamintablette. Die Schwester sagt: ‹Das gibt es hier in diesem Hause nicht.› Ich: ‹In diesem Haus ist ja gar nichts erlaubt.› Ich schaue zum Fenster und denke: Es ist ja gar nicht verschlossen, ich könnte hinausspringen, und sage: ‹Ich könnte vor dem Tod fliehen.› Darauf sagt die Schwester: ‹Das würde auch nichts ändern.› Ich sage mir das gleiche, in dem Moment beginne ich, Angst zu haben, bis dahin war es mehr Spiel. In diesem Augenblick wird mir der Ernst bewußt, die Sinnlosigkeit meines bisherigen Lebens, daß nur noch wenige Stunden sind bis zum Abend. Ich denke, es ist schwer, hier unbeachtet zu sterben. In dem Moment denke ich: ‹Aber auch für meine Frau ist es schwer, daß ich irgendwann an diesem Tag sterbe›, es erscheint wie auf einer Bühne im Nebenzimmer die Gestalt meiner Frau.»

Zu diesem Traum berichtet Herr F., was er über das «Todesmotiv» in der Literatur und Symbolik gelesen habe. Es wird in der Analysestunde spürbar, daß er dabei eine tiefe Traurigkeit erlebt. Der Patient ist betroffen darüber, «sein Leben bisher so vertan zu haben». Er wird von der Botschaft des Traumes zutiefst ergriffen und beginnt sich mit seiner Todesproblematik intensiv auseinanderzusetzen. Die weiteren Einfälle und der genaue Gesprächsverlauf werden hier nicht wiedergegeben. Die Träume des Patienten mögen für sich selber sprechen.

Während des folgenden Jahres läßt sich Herr F. auf eine intensive analytische Arbeit ein. Diese Erfahrungen beflügeln ihn so, daß er sich allgemein wohlfühlt und sich bei einer stationären Untersuchung im Sommer 1972 kein krankhafter Befund erheben läßt.

In der weiteren Analyse setzt sich Herr F. mit seiner Beziehungsunfähigkeit auseinander, insbesondere mit dem Problem, andere auf sich aufmerksam zu machen und sobald ihm dies gelungen ist, macht es ihm keinen Spaß mehr, auf die angebahnte Beziehung einzugehen. Die Ambivalenz und «Verstiegenheit» in Literatur, Theater und Religion einerseits und die sich erschließenden neuen Erfahrungen im Gefühlsbereich andererseits zeigt der folgende Traum:

Bei einer Buchhändlertagung in Dänemark. Wir sind mit einem großen Schiff angekommen. Ich sondere mich ab, weil ich Angst vor den gemeinsamen Besichtigungen und Mahlzeiten habe. Dadurch verzichte ich auch auf die Besorgung einer Unterkunft mit Verpflegung. Ich gehe spazieren, einen Berg hinauf. Der Weg steigt serpentinenförmig hoch. Ein wunderbarer Blick auf umliegende Wälder, Hügel, bis hinunter ins Tal. Ich komme im Wald an einem Haus vorbei, an dem auf einer Tafel ein Gastspiel der Landesbühne angezeigt ist. Preisangabe in holländischen Gulden.

Dann bin ich plötzlich in einem tempelartigen Gebäude mit griechischen Säulen. Die innere Ausstattung aber ist gotisch. Alles ist aus Stein und das Gehäuse selbst ist auf Felsen gebaut. Ich geh um das Haus herum, bemerke, daß ich auf einem schmalen Steinweg wandere. Neben mir fallen die Felswände steil ab. Ich

denke, wie komme ich hier bloß runter, beziehungsweise weiter hoch.
Da tritt ein Mädchen zu mir, nimmt mich an die Hand, und wir gehen gemeinsam in die Stadt, wo ich für uns beide ein Zimmer suche. Als ich den gefundenen Raum betrete, erblicke ich darin meine Schwester. Doch sie verläßt, verständnisvoll lächelnd, den Ort. Ich freue mich auf die kommende Nacht mit dem Mädchen, und ihr scheint es auch so zu gehen.

Der vorliegende Traum zeigt in seinen Bildern grundlegende Lebensmuster und Probleme des Patienten. Wie in der Realität sondert sich der Träumer bei Tagungen, wo die Möglichkeit zu Gesprächen und Begegnungen gegeben ist, ab, weil er «Angst vor den gemeinsamen Besichtigungen und Mahlzeiten hat». In dieser Isolierung von menschlichen Beziehungen wird auch das Symptom der Straßenangst sichtbar. Die Straße als Ort der Begegnung, vielleicht auch der Versuchung, birgt viele Gefahren und muß gemieden werden. Die Straße ist ein gravierender Teil jener negativen Welterfahrung, von der eingangs bereits die Rede war. Gleichzeitig hat das Problemfeld Straße auch Anteil an der grundlegenden Lebenserfahrung des Überbehütetseins, aus dem sich der Patient nicht herauswagt und deshalb unbewußt mittels des Symptoms der Straßenangst den alten Zustand aufrechterhält.

Das Problem der strengen christlichen Moral spiegelt sich in dem zweiten Traumteil von dem tempelartigen Gebäude. Während der Patient in seiner bewußten Religiosität durch das Christentum in einer spezifischen moralischen und eher krankmachenden Form geprägt wurde, erfährt er im Traum eine besondere Erweiterung. Mit zunehmender Individuation und Introversion im Angesicht des nahenden Todes öffnet die seelische Bilderwelt ihre Tore recht weit. Den Analysand befindet sich in einem griechischen Tempel mit gotischer Ausstattung. Diese Bilder kennzeichnen eine Begegnung und Versöhnung zwischen der griechischen Geisteswelt, die die humanistische Bildung des Patienten bestimmte, und dem christlichen Glauben, der die innere «Ausstattung», wie der Traum sagt, als religiöse Grundhaltung prägte. Während der Patient in seinem bisherigen Leben die griechisch-humanistische Weltauffassung zu der christlichen Geisteswelt im Gegensatz sah, vollzieht sich in den Traumgestalten eine symbolische Synthese. Im seelischen Erlebnisraum kommt es im Traum nach Gestalt und Gehalt zu einer Vereinigung der Gegensätze.

Die Gegensatzvereinigung ist auch das Ziel der Anima, die im Traum in der personifizierten Gestalt des Mädchens erscheint. Hier gelingt es dem Patienten in eine tiefere Beziehung zu seinem Gefühlsbereich zu gelangen. Im Traum braucht er nicht mehr der gebildete Buchhändler zu sein, der mit seiner geschliffenen Rhetorik und mit ausgefallenen Zitaten andere beeindrucken will.

Er kann dann von geistigen Höhen herabsteigen und zu sich selbst kommen, zu der Gefühlsbetontheit, die ihm als Junge eigen war, die er im späteren Leben versuchte zu unterdrücken und die ihm in seiner Leidenssymptomatik unbewußt gegenwärtig blieb.

Der durch die Krebserkrankung herannahende Tod kündigt sich in der Folgezeit durch weitere Träume an. Das Unbewußte mahnt durch die Träume so dringlich, daß der Patient das Tikken der «Zeitbombe» in dem folgenden Traum nicht überhören kann. Ihm träumt, daß er in einer alten Kutsche fährt. Da wird eine Bombe hineingeworfen, die zugleich eine tickende Uhr ist. In den folgenden Monaten geht es dem Patienten zusehends gesundheitlich schlechter. Es werden mehrfach Krankenhausaufenthalte erforderlich. Danach kam folgender Traum:

«Wir fahren zu vier Personen (zwei Frauen, zwei Männer) in einer Equipage, die von zwei Pferden gezogen wird. Nachdem ich zunächst selber kutschieren wollte, gebe ich jetzt die Zügel einem Japaner. Wir fahren durch eine eigenartige Landschaft, an feurig blühenden Magnolienbäumen vorbei, die an einem Waldrand stehen. Die Bäume bewegen sich heftig im Wind. Plötzlich scheint sich ein Waldbrand zu entwickeln, hervorgerufen durch eine geborstene Pipeline. Ich fürchte, daß dadurch die schönen Bäume vernichtet werden, aber der Kutscher sagt:

dieses Feuer (Öl) tut den Bäumen nichts. Im Wald trennen sich die Wege der vier Insassen. Während die zwei weiblichen Personen im Wagen drinbleiben, spannen wir die zwei Pferde aus, und ich reite mit dem Japaner weiter.»

Der Analysand berichtet in der Stunde von dem beglückenden Gefühl, daß dieses Feuer die blühenden Magnolienbäume nicht verbrennen und zerstören kann. Die Analytikerin erinnert sich an den Reisebericht eines Kollegen, der solche «feuerfesten» Bäume in natura in Nordamerika gesehen hat. Unter dem Gesichtspunkt, daß besondere Bäume in den Träumen den Archetypus des Lebensbaumes symbolisieren, geht von diesem Bild auch etwas Tröstendes und Hoffnung Erweckendes aus. Trotz der fortschreitenden Zerstörung des Lebens durch die Krebserkrankung (im Traum dargestellt durch die geborstene Pipeline und den sich dadurch entwickelnden Waldbrand) wird der Lebensbaum (= das Selbst) nicht zerstört. Während das Traum-Ich fürchtet, daß durch den Brand die schönen Bäume vernichtet werden, sagt der Kutscher (= wohl als Sprachrohr des Selbst): «Dieses Feuer tut den Bäumen nichts!» Das gleiche Motiv der Bewahrung im Feuerofen taucht im übernächsten Traum wieder auf.

Zu dem Japaner assoziiert der Patient Versenkung in die Stille und das hochgradige Vermögen, sich selber zu zügeln. Daneben jedoch verunsichert und beängstigt ihn die gewisse «Undurchsichtigkeit und Unheimlichkeit», die für den Träumer mit dem Menschenbild eines Japaners verbunden ist. Da in dem letzten Traum in den Chinesen, bei denen er gastfreie Aufnahme fand, wiederum Personifikationen eines östlichen Menschenbildes aufleuchten, zeigt sich damit in der Psyche eines westlichen Menschen sein Gegenbild, das wir nach dem Sprachgebrauch der Analytischen Psychologie als Selbst bezeichnen. Wie der Patient aus der Botschaft des Kutschers im Traum Zuversicht empfängt, so beginnt er die Zügel seines Lebens seinem inneren «Japaner» (= Selbst) zu überlassen.

Ein halbes Jahr später, nunmehr drei Monate vor seinem Tod, träumte der Patient:

«Auf einer Dampferfahrt, viele junge Menschen, Musik und Tanz. Edzard Schaper kommt und ruft mich zur Arbeit. Ich sage: ‹Ich will nicht arbeiten, ich will lieben.› In dem Moment verwandelt sich Edzard Schapers Gesicht in einen Totenschädel.»

Nachdem sich der Patient in der ersten Zeit der Analyse intensiv in seinen Träumen und Einfällen mit der Vaterproblematik auseinandergesetzt hatte (die in den Träumen als führende Persönlichkeiten wie Willy Brandt u.a. erscheinen), kommt er jetzt auf seinen Lieblingsschriftsteller Edzard Schaper zurück, mit dessen Weg und Werk er sich seit langem besonders beschäftigte und identifizierte. An der Grenze des eigenen Todes kommt der Patient wohl nicht zufällig auf E. Schaper, bei dem das Symbol der Grenze, die Vorwegnahme des unausweichlich Kommenden, die Macht der Ohnmächtigen und die Freiheit der Gefangenen zentrale Leitmotive sind. Wie E. Schaper in seinen literarischen Gestalten persönliche Erfahrungen vorwegnimmt, die er in den kommenden Lebenserfahrungen oft schmerzlich und mühsam «nachbuchstabiert», so nehmen die Träume unseres Patienten die Grenzerfahrungen von Leben und Tod vorweg. Nicht einzig in jenem Sinne, daß hier das unausweichlich Kommende vorprogrammiert wird, sondern als ein weiser Vorausgriff dessen, was es in Bildern und Ahnungen über die letzte Grenze in den guten Lebenstagen zu begreifen gilt. Das Sein-zum-Tode wird unserem Patienten in seinen Träumen ein wenig vertrauter. Vielleicht auch zu dem Zwecke, sich zu erinnern, wenn er an die letzte Grenze kommt, bereits hier gewesen zu sein.

Sogenannte Todesträume sind eigentlich Wandlungsträume, wo es um ein Sterben und Neuentstehen geht. Die Wandlungssymbole im Traum sind natürlich nicht auf ein bestimmtes Lebensalter beschränkt, aber es ist anzunehmen, daß sie in bestimmten Lebensabschnitten gehäuft auftreten, wie auch vor dem Tod, so als wollten sie den Menschen, der sich in der Regel gegen Wandlung wehrt, das Sterben lehren. In den letzten Träumen von Herrn F. finden sich dementsprechend vermehrt Wandlungssymbole.

In dem vorliegenden Traum erscheint eines der letzten Bilder von Lebensfreude: junge Menschen, Tanz und Musik. Daraufhin ermahnt ihn sein Lieblingsautor – und insofern sicher eine Autoritäts- und Identifikationsfigur – zur Arbeit. Es ergeht ihm im Traum wie in seinem bisherigen Leben, daß er, sobald Bedürfnisse nach Freude und Lust auftauchen, er sich diese verbietet, so als dürfe es das in seinem Leben nicht geben. Im Traum wehrt er sich gegen die Ansprüche seines Überichs, die ihn offensichtlich hindern, sein Leben zu leben. Herr F. will lieben und nicht arbeiten. In der Welt der Bücher und der Arbeit ist er zu Hause, die Gefühlswelt ist ihm fremd und beängstigend. Nur «wenn ihn jemand an die Hand nehme», wie er selbst sagt, «gelänge es ihm, von dem Verstandes- in den Gefühlsbereich zu kommen». Hier spürt er wohl, was ihm zu einem ganzheitlicheren Leben fehlt, drückt dies aus, und in diesem Moment verändert sich etwas.

Die mahnende Vaterfigur verwandelt sich in einen Schädel, ein Symbol seines Selbst. Ein wenig erinnert dieses Bild an die Szene im Faust, wo ein Schädel totes Bücherwissen versinnbildlicht. Als nämlich Faust klagt: «Hier soll ich finden, was mir fehlt? Soll ich vielleicht in tausend Büchern lesen, daß überall die Menschen sich gequält, daß hie und da ein glücklicher gewesen? Was grinsest du mir hohler Schädel, her? Statt der lebendigen Natur, da Gott die Menschen schuf hinein, umgibt in Rauch und Moder nur, dich Tiergeripp und Totenbein.» Der Schädel ist allerdings nicht nur ein Symbol des Mangels an Leben, sondern vor allem, wie Jung beschreibt, nach alter Anschauung der Alchemisten ein Gefäß der Wandlung.

Um «Untergang und Verwandlung» geht es auch Edzard Schaper in seinen Büchern, und vielleicht träumt Herr F. des Dichters Gesicht, weil er sich mit dessen Gestalten so gut identifizieren kann, die oft eine Art Tod erleben, um dann eine höhere Form der Identität in Gott zu finden. Menschliche nicht tragfähige Ordnungen müssen untergehen, damit die göttliche sichtbar wird. Erst das Zerbrechen aller menschlichen Sicherungen legt die transzendente Ordnung frei. Das geschieht in Grenzsituationen, wo durch äußere Bedrohung ein zunächst erzwungener Weg nach innen einen Neubeginn entstehen läßt. Immer geht der Verwandlung eine Art Tod voraus. Oft ist es die Liebe, «der reinste aller Tode», zu der aber Identität nötig ist, und diese wiederum hat zur Voraussetzung, daß der Mensch Verantwortung für sich übernimmt, indem er seine Schuld erträgt. Nach diesem Muster etwa vollzieht sich das Schicksal der Gestalten E. Schapers, und es läßt sich unschwer verstehen, daß Herr F. sich in deren Lebensgeschichte besonders gut wiederfinden kann. Er befindet sich in einer äußersten Grenzsituation, wo ihm nur noch der Weg nach innen zu sich selbst bleibt. Einen Schritt in diese Richtung tut er, als er im Traum sagt, er wolle lieben und nicht arbeiten.

Er übernimmt die Verantwortung für den bislang nicht gelebten Teil seines Lebens, läßt sich nicht mehr an die Hand nehmen und von äußeren Autoritäten ermahnen und bereitet so den Weg für eine Wandlung. E. Schapers Gesicht tritt zurück und verwandelt sich in einen Schädel, in dem die «alte Autorität» zum Schweigen kommt und stirbt.

Vierzehn Tage vor seinem Tod bittet Herr F. mich zu einem Besuch ins Krankenhaus und erzählt mir den letzten Traum in unserer analytischen Beziehung:

«Ich bin am Ägidientorplatz (ein großer, zentral gelegener Platz in der Stadt, nahe seiner Arbeitsstelle) und ging in den Friedrichs-Wall (eine Straße, die zum Rathaus führt) und suchte Quartier. Dort wohnten lauter Chinesen. Ich fand bei ihnen gastfreie Aufnahme.»

Einfälle zu dem Traum konnte der sehr geschwächte und hinfällig gewordene Patient nicht mehr einbringen. Von der gastfreien Aufnahme bei den Chinesen war er recht angetan. Die Analytikerin gewann den Eindruck, daß in den Chinesen ein Selbstaspekt dargestellt ist, ähnlich wie der Japaner, der in einem früheren Traum die Zügel in die Hand nahm.

Wir betrachten abschließend zusammenfassend die vorliegenden Träume nochmals unter dem Gesichtspunkt, wie die Psyche und deren zentrale Instanz, das Selbst, einen kranken Menschen

auf dem Wege zur Todesgrenze begleitet. Aus der vielschichtigen Symbolsprache der Träume hebe ich aus diesem Fallbericht hervor, daß die Botschaft über den tragischen und tödlichen Ausgang der Erkrankung zusammen mit Aspekten des Selbst und der Individuation hineingewoben sind in die verschiedenen Lebenserfahrungen aus der Vergangenheit und der gegenwärtigen Erkrankung. Während das Ich-Bewußtsein das Kommende dumpf ahnte, aber verständlicherweise nicht recht wahrhaben wollte, brachte das Selbst die Wahrheit über den Ausgang der Krankheit mehr oder weniger schonend zum Bewußtsein. Insbesondere hebe ich die tröstende Funktion einiger Traummotive und Symbole hervor. Bereits im Initialtraum fanden wir nicht nur die Auflösung der Lebensfrucht, sondern in der Symbolik von Brot und Wein jene Wegzehrung, die im Urchristentum «Pharmacon athanasias», ein Heilmittel zur Unsterblichkeit, genannt wurde.
Die eingangs genannte strenge christliche Moral und das strafende Gottesbild, das der Patient besonders mit der überbehütenden Mutter verbunden sah, wurde schließlich von einem guten und väterlichen Gottesbild kompensiert, das in den die religiösen Gegensätze kompensierenden Selbstsymbolen wirkt (siehe den Traum vom tempelartigen Gebäude mit griechischen Säulen und gotischer Ausstattung; ferner den in der Personifikation des Japaners oder des Chinesen erscheinenden Selbstaspekt).
Die dargestellten Träume bestätigen die Erfahrung Hölderlins: «Wo Gefahr ist, wächst das Rettende auch!»
Abschließend möchte ich erwähnen, daß ich inzwischen in zwei weiteren Traumseminaren mit kirchlichen Mitarbeitern und im sozialen Bereich Tätigen zusätzliche ermutigende Hinweise erhalten habe, die Träume auch bei der Sterbehilfe einzubeziehen. So wußten Seelsorger und Altenpflegerinnen zu berichten, daß Sterbende ihnen einen für sie wichtigen Traum erzählten und sehr froh darüber wurden, einen Menschen gefunden zu haben, mit dem sie diese Botschaften der Seele besprechen und meditieren konnten. Die Seelsorger und Sterbehelfer machten dabei die Erfahrung, wie wichtig neben den Worten beim letzten Ab-

schiednehmen auch die Bildersprache der Seele sein kann. Schließlich wurde von den Seminarteilnehmern mit Betroffenheit geäußert, wie wenig man diese ureigene und persönliche Bildersprache verstehe und damit umgehen könne. Beispielhaft für solche Äußerungen gebe ich die Mitteilung einer Teilnehmerin wider, die äußerte: «Ich habe Englisch, Französisch und Spanisch gelernt, aber bisher keine Übersetzungshilfen für die Traumsprache erhalten.» Und ein Seelsorger äußerte, daß er mit viel Zeitaufwand Griechisch, Latein und Hebräisch gelernt habe, aber erst durch die Erfahrungen mit Sterbenden darauf aufmerksam wurde, sich auch um Verstehensmöglichkeiten der Bildersprache der Seele zu bemühen. Möge das vorliegende Buch über die «Träume als Ratgeber» erste Verstehenshilfen geben. Vielleicht kann ich nach weiteren Traumseminaren mit Seelsorgern und Sterbehelfern (-innen) eine Arbeit vorlegen mit Träumen von Sterbenden.

Literaturverzeichnis

Adler, G.: Das lebendige Symbol. Darstellung eines analytischen Individuationsprozesses, München-Berlin-Wien 1968

Aeppli, E.: Der Traum und seine Deutung, Erlenbach-Zürich und Stuttgart 1967

Ammann, A. N.: Aktive Imagination. Darstellung einer Methode, Olten-Freiburg 1978

Bach, G. R. u. R. M. Deutsch: Halt! Mach mich nicht verrückt. Verdeckte Konflikte offen lösen (Psychologie aktuell), Düsseldorf-Köln 1980

Barz, H.: Selbst-Erfahrung, Stuttgart 1973

Binswanger, L.: Wandlungen in der Auffassung und Deutung des Traumes von den Griechen bis zur Gegenwart, Berlin 1928

Bjerre, P.: Das Träumen als Heilungsweg der Seele, Zürich 1936

Bitter, W. (Hg.): Freud, Adler, Jung, Kindler-Tb. 2091

– Meditation in Religion und Psychotherapie, Kindler-Tb. («Geist und Psyche») 2025/26

Boss, M.: Es träumte mir vergangene Nacht. Beispiele für die praktische Anwendung eines neuen Traumverständnisses, Bern-Stuttgart-Wien 1975

– Der Traum und seine Auslegung, Bern-Stuttgart 1953

Bosshard, R.: Traumpsychologie, Olten-Freiburg ³1979

Brunner, C.: Die Anima als Schicksalsproblem des Mannes. Studien aus dem C. G. Jung-Institut Zürich, Bd. 14, Zürich 1963

Coxhead, D./Hiller, S.: Träume. Eine Bilddokumentation, Frankfurt 1976

Dieckmann, H.: Träume als Sprache der Seele, Stuttgart 1972

– Umgang mit Träumen, Stuttgart-Berlin 1978

Doucet, F. W.: So deuten Sie Ihre Träume richtig, Wien 1978

Drewermann, E. u. I. Neuhaus: Das Mädchen ohne Hände. Olten 1981, 1982

– Der goldene Vogel, Olten ²1982

– Frau Holle, Olten ²1982

Eliade, M.: Ewige Bilder und Sinnbilder. Vom unvergänglichen menschlichen Seelenraum, Olten-Freiburg 1958

Faraday, A.: Deine Träume – Schlüssel zur Selbsterkenntnis, Frankfurt 1978

Fierz, H. K.: Die Jungsche analytische (komplexe) Psychologie, Kindler-Tb. 2166

Fischer, Ch.: Der Traum in der Psychotherapie, Minerva Publ. München 1978

Franz, M. L. v.: C. G. Jung. Sein Mythos in unserer Zeit, Frauenfeld 1972

– Spiegelungen der Seele, Projektion und innere Sammlung in der Psychologie C. G. Jungs, Stuttgart 1978

– Die Visionen des Niklaus von Flüe, Zürich 1959

Fremgen, L.: Offenbarung und Symbol. Das Symbolische als religiöse Gestaltung im Christentum, Gütersloh 1954

Freud, S.: Die Traumdeutung, Fischer Bücherei 428/29, Frankfurt 1961
– Metapsychologische Ergänzungen zur Traumlehre, Ges. Werke Bd. X
Frey-Rohn, L.: Von Freud zu Jung. Eine vergleichende Studie zur Psychologie des Unbewußten, Studien aus dem C. G. Jung-Institut Zürich XIX, 1969
Froboese-Thiele, F.: Träume, eine Quelle religiöser Erfahrung, Darmstadt 1972
Fromm, E.: Märchen, Mythen, Träume, Zürich 1956
Gebser, J.: Ursprung und Gegenwart, Bd. I, Stuttgart 1949, Bd. II, 1953
Greenson, R. R.: Technik und Praxis der Psychoanalyse, Stuttgart 1975
Groddeck, G.: Der Mensch als Symbol, Kindler-Tb. 2174
Hall, C. S.: The Meaning of Dreams, New York u. London 1966
Hark, H.: Religiöse Traumsymbolik. Die Bedeutung der religiösen Traumsymbolik für die religiöse Erfahrung, P. D. Lang, Frankfurt 1980
– Der Traum als Gottes vergessene Sprache, Olten-Freiburg 1982
Harre, K.: Träume weisen dir den Weg, Herder-Tb. 865, Freiburg 1981
Heinz-Mohr, G.: Lexikon der Symbole, Düsseldorf-Köln 1971
Heiss, R.: Allgemeine Tiefenpsychologie, Kindler-Tb. 2088
Heyer, G. R.: Der Organismus der Seele, Kindler-Tb. 2036/37
Hillmann, J.: Die Begegnung mit sich selbst. Psychologie und Religion, Stuttgart 1969
Howes, E. B.: Die Evangelien im Aspekt der Tiefenpsychologie, Zürich 1968
Jacobi, J.: Komplex, Archetypus, Symbol in der Psychologie C. G. Jungs, Zürich 1957
– Die Psychologie von C. G. Jung, Olten-Freiburg 1971 (auch als Fischer-Tb.)
– Vom Bilderreich der Seele, Olten-Freiburg 1969, 1981
Jung, C. G.: Allgemeine Gesichtspunkte zur Psychologie des Traumes, in Ges. Werke, Olten (GW) 8
– Die Archetypen und das kollektive Unbewußte, GW 9/1
– Briefe I, Olten 1972
– Bruder Klaus, in GW 11, S. 345 ff.
– Die Dynamik des Unbewußten, GW 8
– Erinnerungen, Träume, Gedanken, Olten 1971, [12]1982
– Gespräch über Tiefenpsychologie und Selbsterkenntnis, GW 18/II
– Der Mensch und seine Symbole, Olten 1982
– Die praktische Verwendbarkeit der Traumanalyse, in: GW 16
– Traumsymbole des Individuationsprozesses, in: Psychologie und Alchemie, GW 12
– Welt der Psyche, Kindler-Tb. 2010
– Vom Wesen der Träume, in: GW 8
Kankeleit, O.: Das Unbewußte als Keimstätte des Schöpferischen. Selbstzeugnisse von Gelehrten, Dichtern und Künstlern, München und Basel 1959
Kerényi, K.: Labyrinth-Studien, Zürich 1950
Kiessig, M. (Hg.): Dichter erzählen ihre Träume, Stuttgart 1976

Leuner, H.D.: Katathymes Bilderleben, Stuttgart 1970
Lilly, J.C.: Das Zentrum des Zyklons. Eine Reise in die inneren Räume, Fischer-Tb. 1768
Looff, H.: Der Symbolbegriff in der neuen Religionsphilosophie und Theologie, Köln 1955
Lorenzer, A.: Die Wahrheit der psychoanalytischen Erkenntnis. Ein historisch-materialistischer Entwurf, Frankfurt a.M. 1974
Lurker, M. (Hg.): Bibliographie zur Symbolik, Ikonographie und Mythologie, Internat. Referateorgan, 1.Jg. 1968ff.
Maass, H.: Der Therapeut in uns. Heilung durch aktive Imagination, Olten-Freiburg 1981
Maeder, A.: Der Psychotherapeut als Partner. Kindler-Tb. 2050
– Selbsterhaltung und Selbstheilung, Kindler-Tb. 2062
– Wege zur seelischen Heilung, Kindler-Tb. («Geist und Psyche»)
Mandel, K.H. (Hg.): Therapeutischer Dialog. Bausteine zur Ehe-, Sexual- und Familientherapie (Leben lernen 41), München 1979
Mann, U.: Einführung in die Religionspsychologie, Darmstadt 1973
– Einführung in die Religionsphilosophie, Darmstadt 1970
Meier, C.A.: Die Bedeutung des Traumes, Olten und Freiburg 1972, 1979
Nell, Renée: Traumdeutung in der Ehepaar-Therapie, München 1976
Neumann, E.: Tiefenpsychologie und neue Ethik, Kindler-Tb. 2005
– Ursprungsgeschichte des Bewußtseins, Kindler-Tb. 2042
Nörenberg, K.-D.: Analogia Imaginis. Der Symbolbegriff in der Theologie Paul Tillichs, Gütersloh 1966
Perls, F.: Grundlagen der Gestalt-Therapie («Leben lernen» Nr.20), München 1976
Pöll, W.: Religionspsychologie. Formen der religiösen Kenntnisnahme, München 1965
Polak, P.: Zum Problem der noogenen Neurose, in: Handbuch der Neurosenlehre Bd.II, hrsg.v. V.E.Frankl, V.E.Freih. v.Gebsattel, I.H. Schultz, München-Berlin 1959
Polster, E. u. M.: Gestalttherapie. Theorie und Praxis der integrativen Gestalttherapie, München 1975
Rech, Ph.: Inbild des Kosmos. Eine Symbolik der Schöpfung, 2 Bde., Salzburg-Freilassing 1966
Resch, A.: Der Traum im Heilsplan Gottes, Freiburg 1964
Rosenberg, A.: Chagall träumt Gott, Furche Nr.229, 1965
Rudin, J.: Psychotherapie und Religion, Olten 1964
Sanford, J.A.: Gottes vergessene Sprache, Studien aus dem C.G. Jung-Institut Zürich XVIII, Zürich 1966
Scharfenberg, J./Kämpfer, H.: Mit Symbolen leben, Olten-Freiburg 1980
Schellenbaum, P.: Stichwort GOTTESBILD (Psyche und Glaube Bd.2), Stuttgart 1981

Schliephacke, B. P.: Bildersprache der Seele. Kleines Lexikon zur Symbolpsychologie, Berlin 1970
Schmidt, R.: Träume und Tagträume. Eine individualpsychologische Analyse, Stuttgart 1980
Schubert, G. H. v.: Die Symbolik des Traumes, Leipzig 1840
Schultz, H. J. (Hg.): Was weiß man von den Träumen?, Stuttgart 1972
Schultz, J. H.: Grundfragen der Neurosenlehre, Kindler-Tb. 2074
– Das Autogene Training, Stuttgart [15]1976
Seifert, F. / Seifert-Helwig, R.: Bilder und Urbilder. Erscheinungsformen des Archetypus, München-Basel 1965
Seifert, Th.: Lebensperspektiven der Psychologie, Olten-Freiburg 1981
Siebenthal, W. v.: Die Wissenschaft vom Traum, Berlin-Heidelberg 1953
Spiegel, Y. (Hg.): Psychoanalytische Interpretation biblischer Texte, München 1972
Stählin, W.: Zum Gespräch zwischen Seelsorge und Psychotherapie, in: Archiv für Religionspsychologie, hg. v. W. Keilbach, Bd. 9, Göttingen 1967
Stekel, W.: Die Sprache des Traumes, Berlin 1927
Stierlin, H. u. Mitarb.: Das erste Familiengespräch, Reihe: Konzepte der Humanwissenschaften, Klett-Cotta, Stuttgart 1977
Sury, K. v.: Wörterbuch der Psychologie und ihrer Grenzgebiete, Basel 1967
Teilhard, A.: Traumsymbolik, Bern 1944
Thomas, K.: Träume – selbst verstehen, Stuttgart 1972
Tillich, P.: Systematische Theologie, Bd. I, Suttgart 1955
– Symbol und Wirklichkeit, Kleine Vandenhoeck-Reihe 151, Göttingen 1966
Uhsadel, W.: Nachruf für Frau Dr. F. Froboese-Thiele, in: Zeitschrift für Analytische Psychologie und ihre Grenzgebiete, 3. Jg. (1972) H. 2
Uslar, D. v.: Der Traum als Welt. Untersuchungen zur Ontologie und Phänomenologie des Traumes, Pfullingen 1964
Vester, F.: Neuland des Denkens (dva), Stuttgart 1980
Wehr, G.: C. G. Jung in Selbstzeugnissen und Bilddokumenten, Rowohlt Monographie 152, Reinbek 1973
– Wege zu religiöser Erfahrung. Analytische Psychologie im Dienste der Bibelauslegung (Impulse der Forschung 13), Darmstadt 1974 (und Walter-Verlag)
Weinreb, F.: Leben im Diesseits und Jenseits. Ein uraltes vergessenes Menschenbild, Zürich 1974
White, V.: Gott und das Unbewußte, Zürich 1957
Wiesenhütter, E.: Traum-Seminar, Kindler-Tb. 2152
Willi, J.: Die Zweierbeziehung (Rowohlt), Hamburg 1975
– Therapie der Zweierbeziehung, Hamburg 1978
Wittgenstein, O. Graf: Märchen, Träume, Schicksale, Kindler-Tb. 2114

Wyss, D.: Die tiefenpsychologischen Schulen von den Anfängen bis zur Gegenwart, Göttingen 1972
Zacharias, G.: Psyche und Mysterium. Studien aus dem C.G. Jung-Institut Zürich, Bd. V, 1954
Zeller, B.: Hermann Hesse in Selbstzeugnissen und Bilddokumenten, Rowolt-Tb. 1976
Ziegler, A.J.: Morbismus – von der Besten aller Gesundheiten, Zürich 1979